Preserving Vasa
保护瓦萨号

〔瑞典〕艾玛·霍克◎著
沈大娲◎译

文物出版社

图书在版编目（CIP）数据

保护瓦萨号 / (瑞典) 艾玛·霍克著 ; 沈大娲译
. -- 北京：文物出版社，2023.3
书名原文：Preserving Vasa
ISBN 978-7-5010-8142-4

Ⅰ . ①保… Ⅱ . ①艾… ②沈… Ⅲ . ①沉船—文物保
护—瑞典 Ⅳ . ① K885.325.3

中国国家版本馆 CIP 数据核字 (2023) 第 146079 号

著作权合同登记号：图字：01-2023-2941 号

保护瓦萨号

著　　者：〔瑞典〕艾玛·霍克（Emma Hocker）
译　　者：沈大娲

策划编辑：李　睿
责任编辑：宋　丹
责任印制：王　芳

出版发行：文物出版社
地　　址：北京市东城区东直门内北小街 2 号楼
网　　址：http://www.wenwu.com
经　　销：新华书店
印　　刷：宝蕾元仁浩（天津）印刷有限公司
开　　本：787mm×1092mm　1/16
印　　张：15.5
版　　次：2023 年 3 月第 1 版
印　　次：2023 年 3 月第 1 次印刷
书　　号：ISBN 978-7-5010-8142-4
定　　价：128.00 元

谨以本书献给六十年来为保护瓦萨号辛勤奉献的每个人，无论今时与往昔，他们都是热忱的勇者！

目 录

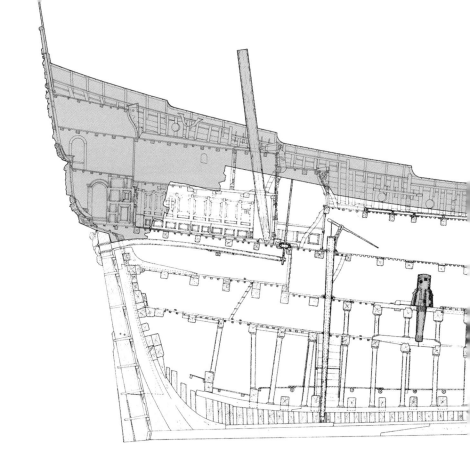

译　序

　　在一件文物从考古发掘，到完成保护修复、进入博物馆成为藏品，直至展览中的日常维护、突发事件应对等整个业务过程中，文物保护的作用一刻不可或缺。因而馆藏文物的保护不应单单局限于保护技术、保护材料和保护处理的阶段性过程，而应当是涵盖保护、修复、环境控制、监测、科学研究、价值挖掘、安全管理等各个方面的全方位、全生命周期的保护。瓦萨号的保护正是这样一个馆藏文物全链条保护的范例。保存于瑞典斯德哥尔摩瓦萨博物馆的瓦萨号是世界上保存最为完整，体量最大的海洋考古木船，也是世界上最大的馆藏单体文物。《保护瓦萨号》这本书记述了瓦萨号从打捞之后迄今为止全部的保护过程：从发掘之后的喷淋保湿，到用聚乙二醇喷淋加固，到船体的栓固重建，从临时博物馆搬迁到永久性博物馆，到盐析大爆发，以及随后开展的科学研究，并根据研究结果采取的补救措施。纵观瓦萨号保护的历史，可以看到，瓦萨号的保护人员克服了种种困难，完成了这项艰巨的任务；除船体及文物的保护以外，瓦萨号保护的过程同时也是挖掘价值，保护利用的过程。这一过程与我国"保护第一、加强管理、挖掘价值、有效利用、让文物活起来"的新时代文物工作方针高度契合，可以说中国的文物保护理念与国际同行是殊途同归。

　　瓦萨号从1961年打捞出水，到现在已经60多年了，期间历经了漫长而复杂的保护过程。保护人员不断面临新问题，要不断开展研究，提出新的解决方案。瓦萨号的保护过程中，保护人员有针对性地开发了多种保护材料、保护技术、研究方法，并付诸实用，不畏困难，勇于面对复杂、没有前人经验的保护问题，这些都是值得我们学习的经验。但是我们同样也要看到，瓦萨号发掘的早期阶段对于保护的重视不足，为了临时的展览，一些保护措施仓促上马，完成展示之后对于一些突发性事件的预估不足，最终为瓦萨号及船载文物的保存带来诸多问题，这些都是值得我们警醒的教训。文明因多样而交流，因交流而互鉴，因互鉴而发展。文化遗产是文明的重要载体，在文化遗产保护的过程中也应践行交流互鉴的理念。除做好自身的文物保护工作，深入挖掘自身文化内涵外，也要加强与文物保护领域内的国际同行之间的交流，兼收并蓄，去芜存菁，取他人之所长，避他人之所短，才能令我们人类共同的文化遗产保护传承好，持续弘扬我们灿烂的中华文明。

2000年之后，瓦萨号的保护，其中最为突出的特点，就是采取多学科交叉的方式开展研究，将先进的科学技术引入到文化遗产保护的实践中。中国文化遗产研究院作为文化遗产保护利用的国家队，在文物保护科技研究的领域一直走在前列，一直以来都重视开展多学科交叉的文物保护研究。从"十一五"国家科技支撑计划课题"铁质文物综合保护技术研究"、"十二五"国家科技支撑计划课题"南京报恩寺遗址地宫及出土文物保护技术研究"，到"十三五"国家重点研发计划项目"石窟寺岩体稳定性预测与加固技术研究"、"不可移动文物自然灾害风险评估与应急处置研究"、"十四五"国家重点研发计划项目"贝叶经保护修复关键技术及应用示范"等项目，中国文化遗产研究院一直都在践行以保护项目带动科学研究，以科学研究成果推动文物保护技术水平提升的理念，始终保持研究先行，以负责任的态度、科学的方法去开展文化遗产保护工作。中国文化遗产研究院未来也将更多承担像瓦萨号保护这样具有国际影响力的文物保护项目，完善中国文化遗产保护理念、方法和技术，不断提升专业水平和业界的影响力，在国内外文物保护领域起到引领和示范作用。

3.27.

中文版序

十几年以前，在一次文物保护的国际会议上，我偶遇一位中国同行，她告诉我，当时在中国也有很多人关注瓦萨号战船，但是不太容易获得保护相关的资料。当时，瓦萨号正因为木材上酸性沉积物的爆发而成为世界性的新闻，同时也开启了一系列重要的研究项目，去探寻沉积物爆发的原因并阻止未来可能发生的破坏。虽然通过这些研究工作，在众多科学期刊上发表了大量文章，但目前还没有一个总体性的回顾，能够让全世界更为广泛的读者了解这一项目。这种情况成为"保护瓦萨号"的催化剂，促使这本书最终于2018年由伦敦的 Archetype 出版社出版。

《保护瓦萨号》出版之后不久，在另一次文物保护会议上，那位中国同行向我提出建议：她所在的研究机构——中国文化遗产研究院，有意出版《保护瓦萨号》的中文版，并希望征得我的同意，我欣然应允，随后也得到了 Archetype 出版社、瓦萨博物馆及其他版权所有者的支持，使得翻译出版项目能够顺利推进。

对于出版《保护瓦萨号》中文版这样一项任务，如果能够有一位文化遗产保护领域的专业人员承担翻译工作，那将是难能可贵的。没有人比几年前联系我的那位同行更适合承担这项任务。沈大娲研究员在中国文化遗产研究院工作，她在高分子化学与物理方面具有深厚背景，在饱水木材保护领域开展了深入研究，同时深度参与了南海Ⅰ号等沉船的保护，这些理由使她成为翻译本书的不二人选。感谢她的辛勤付出，也非常感谢中国文化遗产研究院为本书的出版慷慨提供资助。

在此我非常高兴能向大家推介《保护瓦萨号》的中文译本，希望本书可以对中国以及其他国家的沉船保护项目有所启发。

艾玛·霍克

二〇二二年五月于斯德哥尔摩

英文版序1

　　自从 17 世纪的瑞典战船瓦萨号被打捞上来之后，在饱水木材保护的论坛、保护的课程、研讨班、研讨会上，以及保护相关的文献中，大家就一直在跟踪和讨论瓦萨号保存的策略和保护处理的方法。每当瓦萨号保护处理的关键环节，例如结束聚乙二醇（PEG）喷淋、开始干燥等阶段，饱水木材保护领域的同事们都会密切关注这些过程。

　　在 20 世纪 60 年代早期，对于像瓦萨号这样的文物，可以应用的方法和材料都非常有限。在丹麦，蓖麻油、木榴油、硫酸铝钾、甘油和石蜡的混合物，都曾被用于饱水考古橡木的保护，但结果远不如人意。这些方法通常难以大规模实施，而且在某种程度上有害健康。当 PEG 被发明并开始作为一种木材填充剂（用于现代木材）的时候，对于饱水木材的保护人员来说简直就是雪中送炭——这种材料可以溶于水，有不同的分子量，抗收缩性能可靠，低毒且容易施用——虽然这种化合物的长期稳定性和老化特性还没有被全面揭示，当时已经是最好的选择了。当然也存在争议，认为用一种"新"的化合物处理一件像瓦萨号这样的文物太冒险了，但往往这就是文物保护的全部意义之所在：当机立断，将理论付诸实践，然后拭目以待最好的结果。话虽如此，瓦萨号保护处理的方案也并非凭空而来，而是基于材料的测试、研究以及行业内充分的讨论。

　　总要有人作第一个吃螃蟹的人。在饱水木材保护专业领域，我们唯有感谢那些即便并无先例可循，仍作出决定用 PEG 喷淋瓦萨号的决策者。在 PEG 应用于瓦萨号之后不久，丹麦人开始填充五艘从斯库勒莱乌（Skulselev）发掘的维京船。由于这些船已经被拆解了，采用了不同的方式施用 PEG——船体构件被浸没在一个浸泡槽中，填充之后经干燥和整形，再用于展览。这些船与瓦萨号一起成为首批成功应用 PEG 保护的船只。后来，瓦萨号的处理程序启发了其他大型船舶的保护，例如英国的玛丽·罗斯号（Mary Rose）和德国的不来梅柯克船（Bremen Cog）。

　　新千年伊始，当意识到瓦萨号存在硫和铁的问题时，整个专业领域都受到极大震动。相似问题的迹象之前也被发现并报导过，但是都没有发展到瓦萨号这种程度，或产生类似的后果，也从未出现在如此一件标志性的器物上。在国际饱水木材保护人员的论坛——国际博物馆协会藏品保护委员会（ICOM-CC）饱水有机考古材料（WOAM）工作组中，饱水木材内部硫和铁的问题，立即被纳入工作组的程序，在工作组内部进一步研究和讨论。有关瓦萨号所遭遇问题的报告敦促保护人员返回各自的工作地点，检查自己的饱水木质文物，评估他们的处理方式。在之后的几年，通过"保存瓦萨号"项目（Preserve the Vasa Project），聘请了众多科学家全身心投入去研究和解决这一复杂的问题，项目提交了优秀的研究报告，基于这样的背景，木材中硫、铁、无机污染物，以及这些材料行为特性的研究数据被带到 WOAM 会议上进行讨论。"保存瓦萨号"项目所产生的高水平科研成果，对于全世界饱水木材保护人员来说都是非常重要的。这些结果不仅仅发表在工程和化学期刊上，而且通过保护会议和论文集的形式，与保护人员或者其他从事饱水木质文化遗产保护的专业人员共享并讨论。

　　文物保护和保护科学的资源是有限的，因此讨论问题、分享成功和失败的结果、提出开放性问题以及激发辩论的意愿尤为难能可贵。瓦萨号的研究人员和工作人员对于分享和讨论他们的结果，都持开放态度，保护专业人员、利益相关方和相似计划或项目的管理者，都可以从中受益。

　　在瓦萨号的保护过程中，还吸取了另外一个非常重要的教训，那就是即便认为保护处理已经结束了，博物馆的器物仍然需要关照和维护。对于像瓦萨号这样一件复杂的文物，有必要对他的状态和周围环境进行稳定的、定期的监测。一旦决定打捞并保存一艘大型船只，文物保护仅仅是开始，如果想要长久保存下去，保护工作永远不会终结。

　　当我向学生、考古学家或是普通公众讲授饱水木材保护课程的时候，我不时会被问到一些问题，例如瓦萨号怎么办？他真的会分崩离析吗？保护人员都犯了什么错误？为什么当你看到 PEG 在瓦萨号上的作用，还要使用这种材料？对于这些问题我有诸多答案，但是其中没有一个是预计瓦萨号会倒塌或者解体，也不会指责保护团队做了任何错误的事情。我一直强调，这艘船受到很好的管理，保护是成功的。虽然并没有解决全部问题，但对于瓦萨号的处理、监测和支撑是必要的，而且环境也保持在尽可能稳定的程度。

　　从第一次使用 PEG 处理饱水考古木材到现在已经过去五十多年了，对于这种填充材料，我们获取了大量知识，了解了它的老化特性、与金属盐的相互作用、吸水性和导电性、渗透、分散特性，了解了应用高低分子量试剂的利弊。如果没有先驱者首先使用 PEG——虽然以不同的方式应用——大部分信息都无从获取。在饱水考古木材保护领域，PEG 仍然是最优选的填充剂。

在布雷德（Brede）丹麦国家博物馆的饱水木材实验室，我们的信条之一是，正是艰巨的、几乎不可能完成的保护任务推动我们前行，激励我们开展研究，在大规模应用的方法和材料方面给予我们无价的经验。瓦萨号的保护绝对称得上是这样的项目，它需要资源、技巧、知识，钢铁般的意志，持之以恒的乐观和勇气，而且目前依然如斯。因此尽管这样的项目寥若晨星，它们对保护专业人员来说是价值无限的，对于整个社会来说，也是极其重要和非常宝贵的。

克里斯缇娜·斯特拉克玟（Kristiane Strætkvern）
修复师，文物保护和科学专业
丹麦国家博物馆，布雷德
2014- 国际博物馆协会藏品保护委员会（ICOM-CC）主席
2003~2011 国际博物馆协会藏品保护委员会（ICOM-CC）
饱水有机考古材料工作组（WOAM）协调员

英文版序 2

瑞典国家海事博物馆和瓦萨博物馆肩负重任。瑞典战船瓦萨号是全世界范围内，海上打捞的、保存最好的 17 世纪船只，也是受到广泛国际关注的文化遗产。瓦萨博物馆是目前斯堪的纳维亚地区参观人数最多的博物馆，每年大约有 150 万观众，其中几乎 90% 是国际游客。显而易见，瑞典本土和世界其他地方的人对瓦萨号的兴趣别无二致。

管理这样一艘独特的船只，我们深感荣幸，但同时也面临着巨大的挑战。沉没在斯德哥尔摩港口 333 年之后，瓦萨号于 1961 年被打捞出水，并开展了全面的考古研究。十年之后，博物馆馆长佩尔·伦德斯特伦（Per Lundström）总结道：所发现的文物包括重达 1300 吨的饱水橡木船体，由 1 万件结构性组件组成，还有 1.6 万件木质文物和 700 件雕刻的构件。保护船体和如此众多的文物所带来的挑战是无与伦比的，在此之前，从未有过如此量级上的尝试。为此专门建立了一个独立的保护实验室，来处理所有需要单独处理和专门技术的器物。在工作开展的过程中，很多时候，都必须开展实验和开发新的方法。

五十多年以后的今天，处理和维护这些独特文物材料的工作仍在进行，现在估计有超过 4 万件不同材质的文物。然而最大的挑战仍旧是巨大的木质船体本身，其中 98% 保存了下来。盐的爆发和木材强度的降低说明有必要去探求新的知识，了解是什么影响了木材的化学变化及其结构。瓦萨号在干燥的状况下重约 900 吨，对船体形成了巨大的载荷。在过去的七年里，移除了超过 4500 根打捞期间插入的螺栓，并用最先进的、抗腐蚀不锈钢材质的新螺栓替代。现在，正在计划安装一个新的、优化的支撑结构，以承担船体的重量。一如既往，这项工作也没有现成的解决方案，我们要借助于前沿的专业技术，才能够拓展新的知识，并将其付诸实用。

如果不是与诸多领域开展合作，我们绝对无法承担这样艰巨的挑战。多年以来，通过基础研究和应用项目，很多瑞典和国外的专业人员都对瓦萨号的保护工作作出了贡献，我在此对他们致以诚挚谢意，他们付出了才智和热情，在保存这件我们共同的文化遗产的过程中扮演了重要角色。多学科视角和与不同领域专家建立联系的重要性，怎样强调都不为过。除与各方合作以外，瓦萨博物馆利用自身的优势，通过自主开展的研究和教育活动，加深了观众对博物馆的理解。我们的工作集中在三个方面：拓展知识、创造难忘的体验和激发奉献精神。基于以上工作，我们对于另外一个重要的研究任务也作出了贡献，那就是与公众分享获取的知识。作为一家拥有大量观众的博物馆，瓦萨博物馆在实现这一目标方面处于特别有利的地位，而且我们在这方面也有长足的经验。

为未来保存这一独特的文化遗产，同时还要向尽可能多的观众展示瓦萨号，这两项任务之间形成了一个微妙的平衡。我们的经验是：这一双重任务不是必然相互抵触的，相反，当观众看到我们的工作人员在船上工作，执行维护任务和保护任务的时候，很少有其他活动能够如此激发他们的兴奋感和参与感。这种兴趣是我们力量的源泉，同时也鼓舞我们，通过海洋文化遗产去传递和增进对于人文主义、科学和技术研究的理解，这恰恰就是我们博物馆全部任务之所在。

瓦萨号战船拥有不同寻常的、扣人心弦的历史，其中也包括引人入胜的、有关保护的故事，这也就是艾玛·霍克将要在本书中所讲述的故事。

雷夫·格伦德贝里（Leif Grundberg）
瑞典国家海事博物馆总馆长

自 序

自 2003 年 8 月起，我作为一名保护人员开始在斯德哥尔摩的瓦萨博物馆工作。之所以设置这个职位，是为了应对不期而至的船体上和木质器物上酸性盐的爆发，当时需要一名专门的保护人员，去参与由此引发的、新开展的研究活动。在此之前两年，前保护负责人比吉塔·霍福什（Birgitta Håfors）已经出版了一本关于瓦萨号保护的报告，总结了从 20 世纪 60 年代到 90 年代末期所承担的工作，主要受众是保护处理大型饱水木质文物的专业人员。十年以后，在 2011 年第二个保护研究项目结束的时候，产生了丰富的新信息，很多重要的实际措施也被应用到船上。虽然通过研究项目发表了一些科学论文，但是尚未在一部专著中对这些工作进行总体描述。而出版一部专著，不仅使得保护专业人员能够获取相关信息，而且也可以面向感兴趣的普通公众，由此播下了出版本书的种子。

撰写这个报告的任务落到了我的身上，部分原因是我的母语是英语，而英文版本将会获得更为广泛的读者，另外也因为我作为最积极的倡议者之一，极力呼吁去出版这样一本书（绝对需要小心行事）。除此以外，经由训练，我作为一名保护人员，熟悉广泛的科学领域和科学方法，因而可以从不同的视角看待保护问题。写作本书颇具挑战：所提供的信息应当是专业人员所需要的，但又要以每个对于这一主题感兴趣的人都能够理解的形式呈现。虽然在文本中对技术术语做出了解释，包括在必要之处阐释基本的科学原理，但本书无意成为一部教科书，因而尽量将行业术语控制在最少数量。

保存的术语 [①]

长久以来，在用于描述保存（preservation）或保护（conservation）的术语方面，都存在着混淆和误解。为尝试规范语言，2008 年，国际博物馆协会藏品保护

---

① 参考国际古遗址理事会中国国家委员会制定的《中国文物古迹保护准则》（文物出版社，2015）及中国博物馆协会编《博物馆藏品保护英汉手册》（文物出版社，2020），将 preservation 译为保存，conservation 译为保护，restoration 译为修复，reconstruction 译为重建。本书原名 "Preserving Vasa"，译为 "保护瓦萨号"，以符合汉语习惯（译注）。

委员会（ICOM-CC）通过了一项有关描述文化遗产保护术语的决议，该决议适用于所有成员国。通过所使用的语言和给出的范例，可以明确知道，这些术语所关注的是博物馆的器物，而不是更复杂的结构，例如历史性建筑、机器——如具有历史意义的飞行器，当然也包括沉船。然而我选择使用以下的术语，希望忠实于这些定义。

虽然保护和保存是总括的术语，在描述维护和管理文物并预防劣化（变化减至最低，寿命延至最长）时经常互换使用，但在本书中，我将术语"保存"作为一个综合性的术语，去描述应用于维护和管理文化遗产的整体性策略；术语"保护"是将器物保存在现有状态下，不发生进一步腐朽所需采取的具体措施。例如防止木材的生物腐朽被认为是保护，但是替换结构上的螺栓则不是。此外，保护可以分为两类："补救性的"，指直接针对器物本身所采取的行为，而"预防性的"是指控制室内的环境，例如控制湿度、光照、污染物等，以减少对器物的破坏。因此用防腐的物质填充木材是"补救性保护"，但是降低木材周围湿度的水平从而降低生物腐朽的风险则是"预防性保护"。

术语"修复"（restoration）的使用可能会产生问题。为了适应成员国间语言细微的差别，国际博物馆协会（ICOM）将这一术语定义为"为提升结构的完整性，或阐明一件器物因为过去的改变或者劣化而导致的功能或信息缺失所采取的行动"。然而实际上很多过去的修复项目，特别是建筑遗产，其结果都是基于猜测的重建，而不是有依据的重建，往往损害了文物的原始特征和完整性。由于受过历史文物保护以及器物保护的训练，我认为在使用术语"修复"的时候要非常小心，因此，我有必要采用术语"重建"（reconstruction），用于描述那些把松脱的木料固定，以重新组装船体结构所采取的措施。容易产生混淆的是，在船舶考古中，这个术语也被用于指代重建原始船体形状的过程，有可能是数字化的或者是按比例在纸上画图，希望我那些船舶考古的同事们能够理解。

参考信息的来源

除了包括在参考书目中的已发表的信源，本书中很多信息来自于未发表的内部报告和会议记录，目前保存在瑞典国家海事博物馆（SMM）的档案馆中。保护委员会（Conservation Council）——在 1980 年到 1997 年间也被称为技术委员会（Technical Council），2010 年到目前被称为保存委员会（Preservation Council）的会议记录，在追踪项目内部讨论方面特别有用。尽管名字发生了变化，咨询团队从 1961 年 5 月——瓦萨号刚刚被打捞之后开始举行会议，而今天依然如斯。另外一个咨询团队——修复委员会（Restoration Council），也在 1964 年 12 月至 1970 年 6 月期间举行会议。1964 年 6 月之前，瓦萨号项目由瓦萨委员会（Wasanämden）主持，在那以后，由国家海事博物馆和 / 或瓦萨博物馆主持。除此以外，我也直接参与或者听闻了很多近期船舶的保护活动，可以作为一个见证者。具体的参考文献包含在每一章的末尾。

Wasa 还是 Vasa ？

在很多旧有的文献中，这艘船既被称为"Wasa"，也被称为"Vasa"，因为在瑞典语中，V 和 W 的发音没有区别（都发音为 V），这两种拼写方式在 17 世纪的瑞典文学中都很普遍。当 1990 年新的瓦萨博物馆开幕时，提供了一个机会去规范化这个拼写。因为考虑到国际观众，船的名字确定用 V 来拼写，除非参考了仍保留之前拼写的旧有文件，本书的文字将遵循这一原则。

致 谢

在过去的几十年里，很多人都以某种形式对瓦萨号的保存作出了贡献。但仍有一些参与了这艘船最初保护的关键人物，他们的贡献值得专门指出：比吉塔·霍福什（Birgitta Håfors）、布·伦德瓦尔（Bo Lundvall）和斯文·本特松（Sven Bengtsson），他们将大部分职业生涯都奉献给了瓦萨号，而且也慷慨地与人分享他们的知识。非常感谢瓦萨保护/保存委员会的成员们，以及各种保护研究项目中的所有参与者，在过去的20年里，与他们在一起，我享受到了工作的乐趣，也受益匪浅。

我还要感谢我在瑞典国家海事博物馆（SMM）的雇主支持这项工作，特别是马格努斯·奥洛夫松（Magnus Olofsson）和莉萨·蒙松（Lisa Månsson）以及弗雷德里克·斯万贝里（Fredrik Svanberg），他们为本书的最终出版铺平了道路。我现在的雇主，乌普萨拉大学博物馆〔古斯塔夫馆（Gustavianum）〕的玛丽卡·赫丁（Marika Hedin），颇具善意地允许我花时间去完成这一出版项目。我也感谢博物馆之友协会和瓦萨重生基金会（Vasa Rediviva），为本书的出版提供了资金支持。感谢 Archetype 出版社的工作人员，能够坚持到底完成本书。

特别感谢多年以来我所有的同事，瓦萨船舶部门的安德斯·阿尔格伦（Anders Ahlgren），霍坎·阿尔特罗克（Håkan Altrock），莫妮卡·阿斯克（Monika Ask），奥萨·埃格奎斯特（Åsa Egerquist），弗雷德·霍克（Fred Hock），雅各布·雅各布松（Jacob Jacobson），罗伯特·荣松（Robert Jonsson），伊雷妮·林德布卢姆（Irene Lindblom），雷夫·马尔姆贝里（Leif Malmberg），龙尼·迈腾松（Ronny Märtensson），马格努斯·奥洛夫松（Magnus Olofsson），奥韦·奥尔森（Ove Olsen），马林·萨尔斯泰特（Malin Sahlstedt），霍坎·托伦（Håkan Thorén）和克里斯廷·于特伯格（Kristin Ytterborg）。这本书也反映了你们的工作和贡献，你们的贡献不逊于我。

我有幸曾经与一些非常杰出的资深保护人员一起工作：感谢洛维萨·达尔（Lovisa Dal）当初为我展示绳索；感谢苏菲·尼奎斯特（Sofie Nykvist），萨拉·邦（Sara Bang），杰茜卡·林德瓦尔（Jessica Lindewall）和约翰娜·桑德斯特伦（Johanna Sandström），他们作为团队成员短期参与；特别感谢马林·萨尔斯泰特（Malin Sahlstedt），她是过去十年中我办公室的好伙伴，给予我很多帮助，也是这一出版项目热情洋溢的啦啦队员。我会怀念我们在科学问题方面严肃的探讨，以及在拟定意味深长的报告题目时，轻松的反复讨论。

非常感谢 SMM 的摄影师安内利·卡尔松（Anneli Karlsson），感谢她很多令人惊叹的船体照片（并且要满足我最后一分钟十万火急的要求）；还有卡林·加韦林（Karin Gafvelin），他是经验丰富的高桅横帆船水手，感谢他为本书所特别制作的插图。我也感谢那些同事和研究人员允许我使用他们的图片。感谢克里斯缇娜·斯特拉克玟（Kristiane Strætkvern）和雷夫·格伦德贝里（Leif Grundberg）为本书作序。

最后我还要感谢弗雷德·霍克 ②（Fred Hocker），在有关 17 世纪的生活、船体建造以及项目历史等方面，他拥有的知识犹如百科全书，感谢他对于书稿的建设性意见，遑论他在图书出版方面宝贵的经验。现在我们的业余时间可没写书时那么充实了！

---

② 弗雷德·霍克为作者的丈夫（译注）。

第一章

引言

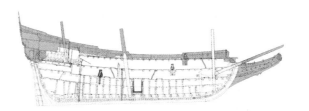

　　当观众步入灯光黯淡、犹如洞穴般的斯德哥尔摩瓦萨博物馆的内部，映入眼帘的是一处超现实的场景——一艘几乎完整如初的 17 世纪战船从幽暗中现身，桅杆和索具高耸至天花板，喙形船艏上巨大、狂野的狮子仿佛要跃向入口处，这一切都无法不给人留下深刻印象（图 1）。如果近距离审视，还可以看到这艘船装饰了几百个雕刻精美的雕像，混合了神秘和政治的主题；敞开式的炮门，盖子上装饰着引人注目、杀气腾腾的狮子面孔，一窥之下，不禁让人对当时船上的生活浮想联翩（图 2），这样的景象令人过目难忘。虽然瓦萨号最开始被视为一次惨重的失败（毕竟这艘船在他的处女航就沉没了），但今天他仁立于此，完整程度高达 98%，作为一件从 17 世纪保存下来的、恢宏壮丽的文物，呈现给所有观众，向世人述说着一个举世瞩目的成功故事。

　　瓦萨号从船艏饰像到船艉长达 61m，宽 11.5m，最高的桅杆距地面 36m，是从海里打捞回来并被成功保护的、最大的考古发掘文物。瓦萨号是相当于五层建筑的庞然大物，这样一艘巨大的船体是如何从腐朽的力量中幸存下来的？ 20 世纪 60 年代的保护人员是怎样推进这个看似无法完成的任务，从而保护如此巨大体量的饱水木材的？木料内部正在发生什么情况？采取何种措施才能为未来的世代保存这

图 1　参观者对于瓦萨号的第一印象〔拍摄：安内利·卡尔松（Anneli Karlsson）〕

图 2　左舷廊台敞开的炮门和雕刻〔拍摄：安内利·卡尔松（Anneli Karlsson）〕

艘船？需要对这艘船做怎样的日常维护？本书记录了瓦萨号令人惊叹的保护故事，从他灾难性的处女航，到在斯德哥尔摩港口冰冷的海底埋藏了几个世纪，到他在 20 世纪 60 年代的发现、打捞和创新性的保护，直至这艘船今天所面临的挑战。

图 3　瑞典伟大的勇士之王——古斯塔夫二世阿道夫（Gustav Ⅱ Adolf）。他于 1611 年到 1632 年期间在位〔照片：斯库克洛斯特城堡（Skokloster Castle）瑞典国家历史博物馆（Swedish National Historical Mueum）〕

　　瓦萨号的故事开始于大约 400 年以前，那时候，瑞典国王古斯塔夫二世阿道夫（Swedish king Gustav Ⅱ Adolf）（图 3）为了成就他在波罗的海地区的政治伟业，投下订单，准备建造四艘新的战船，其中两艘将拥有新的体量和武器装备。这些船中首批建造的，就是后来以皇室纹章命名的瓦萨号③，于 1626 年春季，在位于布里斯霍尔门（Blasieholmen）（图 4）——今天大饭店（Grand Hotel）和国家博物馆（National Museum）后面的位置动工。这艘船主要的结构由橡木（*Quercusrobur* 和 *Q. pertrea*）建造，不但因为橡木广泛可用，强度和耐久性好，而且

③　瓦萨：瑞典语：Vasa，是瑞典贵族家族，历史可追溯至 14 世纪，直至 17 世纪消亡。瓦萨王朝在 1523 年至 1654 年间统治瑞典，现在的瑞典王室也具有瓦萨王朝的血统。瓦萨之名最先于 16 世纪末出现，得名自其家族纹章——Vase（译注）。

图 4 瓦萨号在布里斯霍尔门（Blasieholmen）的海军船厂开始建造（瓦萨博物馆的模型）〔拍摄：安内利·卡尔松（Anneli Karlsson）〕

树干长得又长又直，同时枝杈还具有一定曲度，这些特点使得橡木在北欧成为普遍使用的造船木料。由于设计师、监造师以及斯德哥尔摩海军造船厂大约半数的劳动力都曾经被荷兰征召，这艘船按照在低地国家普遍采用的、建造各种大小不等船舶的传统方式建造。为了保证强度，船体采用类似夹心三明治的形式，由外板、肋板和舱内板共三层组成，木料分别沿着纵向和横向排列。为保持三明治结构不散架，几千根直径大约 35mm 的大木钉被钉入三层板中，并在两端楔死，以使连接处水密；最后，内部的木料用几千根紧密排布的铁栓紧固在船舷上。造船师亨里克·许贝特松（Henrik Hybertsson）并没有使用图纸，而是依赖他多年的造船经验。然而国王的意图是要建造两层炮台甲板，这在那个时代是一项重大的创举，也带来了巨大的挑战。为了弥补船高增加所带来的额外重量，造船工匠在底部和舷侧额外增设了一层增强肋板，从而建造了一个非常厚重的结构（图 5）。

完工后的船有五层甲板，包括底舱、底层甲板、两层炮台甲板和露天甲板，船艉还有两个半甲板（图 6）。在船的底部，底舱和层高比较低的底层甲板都用于储存，在此之上是下炮台甲板和上炮台甲板，可以装备至少 64 门铜炮，因此从武器装备上来说，瓦萨号是那个时期火力最为强劲的船只。这些甲板也是士兵和

图5 在船底部和船舷有额外一层增强的肋板，被称为肋板加强材〔拍摄：安内利·卡尔松（Anneli Karlsson）〕

船员的生活空间，军官们的宿舍位于船艉的上层炮台甲板，在主舱内，由统舱与炮台甲板隔开。在这之上是一个小舱，通过一段楼梯连接到船艉的廊台。船艉的高处是另外一个低层高的小舱，推测可能是用于物资储存。荷兰的造船传统是速度快而且木料利用率高，庞大的船体在不到两年时间内就建造完成了。

1628年8月10日，下午4时左右，瓦萨号从斯德哥尔摩港口的三冠王宫（Tre Kronor palace）起航。作为后备中队的旗舰，这艘船计划先航行到斯德哥尔摩群岛的埃尔夫斯纳本（Älvsnabben），然后在那里待命，去往波兰或者德国的海岸。在斯鲁森（Slussen），瓦萨号转头向东，利用从梅拉伦湖（Lake Mälaren）（图7）流出的淡水洋流，向波罗的海驶去。启航之后不久，一阵狂风穿过南海岸峭壁之间的罅隙，导致船体向左舷倾斜，虽然瓦萨号马上就摆正了，但是紧接着又刮来

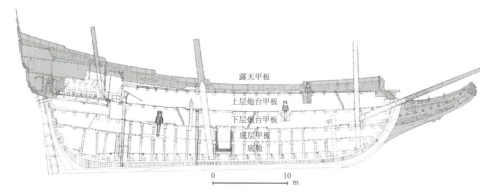

图6 瓦萨号的剖面，展示了各层甲板。阴影区域代表船被打捞时缺失的部分〔绘图：弗雷德·霍克（Fred Hocker），修改自埃娃-玛丽·斯托尔特（Eva-Maria Stolt）绘制的原图〕

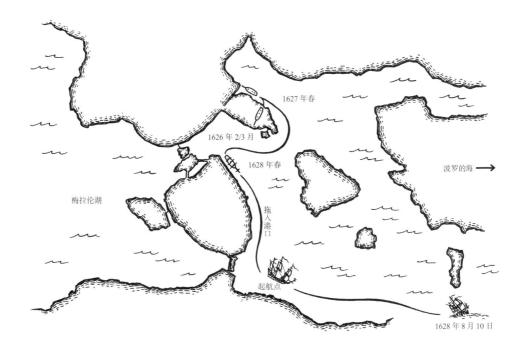

图 7　斯德哥尔摩港口，可以看到瓦萨号建造、短暂服役以及在贝克霍尔门岛（island of Beckholmen）附近沉没的位置〔绘图 © 卡林·加韦林（Karin Gafvelin）〕

一阵强风，水漫入了下炮台甲板。启航之后不到一个小时，瑞典的伟大战船就沉入了斯德哥尔摩港口的底部，并导致了 30 名船员和乘客的死难。

对于瑞典来说，比人员死难惨剧和政治上的尴尬更为严重的，是经济上的灾难，因此在之后的十几年里，做出了各种努力试图去打捞这艘船。在 17 世纪 60 年代，注意力转向打捞船上装备的 64 门铜炮，相对而言，船体本身并没有被扰动，又在港口的底部沉寂了 300 年。直到 20 世纪 50 年代晚期，技术水平、创业精神和政治意愿汇聚到了这项无畏的事业上，才决定打捞这艘船。1961 年 4 月 24 日，作为最早的、世界范围的电视直播之一，全世界的观众见证了古斯塔夫二世阿道夫的大船从斯德哥尔摩港口再次浮出水面。

船一旦出水，尽早开始保护，以阻止木材干燥、收缩和变形就显得非常必要。但在那时，这样的事业仅有少数先驱者，因此瓦萨号的保护变成了一项规模宏大的开创性实验。其实，瓦萨号的保护之所以能够成功，很大程度上归因于 20 世纪 60 年代保护人员的足智多谋、心灵手巧和无私奉献，他们的工作为现有的、标准化的保护程序打下了基础。观众对于瓦萨号的打捞和保护产生了无尽的兴趣，为饱水木材保护领域注入了活力，也激励了全世界的其他大型沉船保护项目相继效仿。

在斯德哥尔摩市中心，专门建造了瓦萨博物馆，于 1990 年正式开放。在进行永久性展示之前，保护和重建花了差不多 30 年时间。当注意力转向其他的博物馆活动后，保护的任务仅限于定期除尘和监测船体周围的环境。然而大约十年以后，出人意料地在船体木材表面发现黄色和白色酸性斑块，此时状况发生了戏剧性的变化，瓦萨号的新闻再次吸引了全世界的注意力。考虑到酸性条件可能会分解木材的组分，博物馆的管理者组织开展了一系列详细的研究，从各个方面检测船体的结构、材料和状态。从而加深了对于木材内部所发生的化学过程的了解，也明确了有必要采用一个更为坚固的支撑结构以承担船体的重量，这是目前保存活动的焦点。

虽然与所有考古遗址上典型的状况类似，与瓦萨号同时发现的还有很多不同的材料，包括各种类型的金属、瓷器和玻璃、纺织品、皮革和骨质，但最主要的材料是木材，更不必说船体本身。作为一种有机材料，在通常的环境下，木材会最终会分解为它的组成元素，主要是碳、氧、氢和氮，然而在特殊情况下，木材可能保存几千年。例如法老胡夫的葬船④（Pharaoh Khufu's barge），发现于埃及大金字塔旁边的一个石坑，长 43m，有 4500 年的历史，由于环境极其干燥，阻止了微生物的活动而被保存下来。与之相反，很多挪威的木板教堂（图 8），经受住了北欧寒冷、潮湿的气候，虽然相对没有受

图 8　挪威乌尔内斯（Urnes）的木板教堂，建于 1130 年左右，但使用了一个更古老教堂的雕刻〔拍摄：© 比格尔·林德斯塔德（Birger Lindstad），挪威文化遗产（Cultural Heritage of Norway）的主管〕

_____

④　胡夫葬船是法老胡夫的陪葬品。1954 年在埃及吉萨的胡夫金字塔附近发现，五个石坑中共收藏有五艘船（译注）。

到保护，而是暴露在恶劣的环境中，但也保存了大约 1000 年。

几年以前，瓦萨博物馆树立了一个雄心勃勃的目标，要把瓦萨号保存 1000 年，这可能是一个颇具挑战性的数字，但是也勾画出了所必须具备的长远视角。有理由相信，如果挪威的木板教堂暴露在风雨和恶劣天气的破坏性影响下，仍可以存世超过 1000 年，那么保护在环境可控的建筑内部的瓦萨号，为什么不能够被保存同样长度的时间呢？特别是我们对于瓦萨号的组成材料拥有了更深的知识，对于船体三维结构的行为有了更好的理解，并且制定了深思熟虑的长期保存策略。我们有信心，今天所采取的措施会为瓦萨号未来 150 年到 200 年的保存作出贡献。

保存一艘船，特别是一艘在水下沉没了几个世纪的船，需要采取一种广泛的、多学科交叉的方式，需要将科学、技术以及工匠的工艺兼收并蓄；也需要一些无形的技能，例如对于船史的理解、美学和伦理学的考量，才能保存这件独一无二的文化遗产的完整性。平衡这些因素往往具有很大挑战，但由此产生的争论是健康的、非常必要的，唯有如此才能够确定，对这艘船来说什么才是最好的。每年大约 150 万观众来参观瓦萨博物馆，反映了公众对于历史文物的迷恋，而且最近瓦萨博物馆被票选为世界上十家最具吸引力的博物馆之一。而瓦萨号灾难性的首航，他与神圣瑞典国王之间的联系，巨大的尺度，特别是他令人赞叹的保护水准有助于激发公众的兴趣。因此，我们这些参与到船体保存工作中的人，对我们所从事的事业感到非常骄傲，同时也感到一种责任。保存瓦萨号是一项长期任务，这项任务也是独特的、极具挑战性的。正如一位从事保护工作的同事最近所评论的："不要说是保护一整条舟船，仅仅饱水木材的保护，都不是一个胆小怯懦的人所能承担的工作。但是这一工作的结果都是有价值的，引人注目的"。如果这唤起了你的好奇心，请乘兴一阅。

参考文献 / 注释
瓦萨号的故事见 Cederlund and Hocker 2006 和 Hocker 2011
最后的一段的引用见 Spriggs 2013

第二章

在港口的海底

在 1628 年 8 月那个灾难性的日子里，当海水淹没了瓦萨号的甲板，幸存者被从水里和索具上营救下来，而那些不幸的人咽下了最后一口气，国王巨大的船体沉入了斯德哥尔摩港口昏暗的水底。年复一年，瓦萨号及其船载物成为了港口底部的一部分，但与其他沉没在开放海域里的木船相比，波罗的海和斯德哥尔摩港口独特的环境为有机材料的保存提供了优良条件，瓦萨号由于特殊的沉没地点显得万分幸运。尽管如此，在 333 年之间，船和船载物仍旧暴露在各种腐朽作用力之下，从非常突然的、人类活动的影响到缓慢的、物理侵蚀的影响，以及逐渐暴露在生物和化学降解过程之中。虽然以下各种因素是单独讨论的，但它们在几个世纪里是协同作用的。

埋藏地点的环境

瓦萨号沉没的位置距离贝克霍尔门岛（Beckholmen）的海岸仅仅 120m，船艉的深度是 36m，船艏稍高，最初向左舷侧倾大约 20°~25°。斯德哥尔摩港口的底部有一层无菌的、冰河时代的泥土覆盖在基岩之上，上面再覆盖一层 1~3m 厚、富含有机物的黑色淤泥。到 20 世纪 50 年代，淤积的沉积物几乎已经达到左侧下层炮台甲板的水平。尽管在 20 世纪 50 年代，负责打捞的潜水员在距离船体北部仅仅 75cm 的地方就发现了一段隆起的基岩（图 9），但瓦萨号的龙骨只是部分插入黏土中，没有接触到基岩。斯德哥尔摩的港口没有潮汐，这就使瓦萨号免于遭受严重的侵蚀，但是，梅拉伦湖（Lake Mälaren）的淡水在斯鲁森（Slussen）——瓦萨号发现地点的西边——注入港口，因此在 10m~15m 的深度，船体暴露在微弱的水流中；此外笔直挺立在水底的船体也有自身的涡流和冲刷模式。与下面冰河时期的黏土相比，富含有机物的淤泥更具流动性，可以流入低洼的区域。正如 1959 年所发现的，船被移动之后所留下的 5m 深的大洞，迅速被疏松的淤泥所填满，今天这个洞仅有 60cm 深。淤泥在船里逐渐堆积，最后每层甲板至少堆积了 1m 厚的淤泥，这些淤泥保护了木材，使之免于进一步的侵蚀，并在某种程度上排除了氧气，从而保护了木料，使之免遭严重的生物侵袭，同时将器物固定在原位，特别是在上层炮台甲板和底舱中。

总体而言，波罗的海为有机材料提供了优良的保存环境，主要是因为低温和普遍的低盐度。盐度的单位用千分比（‰）或实用盐标（PSU）来表示。与大西洋（盐度为 35 PSU~38 PSU）相比，由于波罗的海的水体被来自于河里和雨水中的淡水所补充，平均盐含量仅为其一半，大约为 18 PSU。西边的盐度稍高，在那里，定期的、盐度更高的水由相

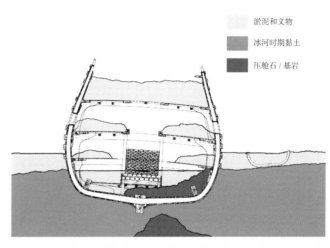

淤泥和文物

冰河时期黏土

压舱石 / 基岩

图 9　瓦萨号在港口底部的剖面图〔绘图：弗雷德·霍克（Fred Hocker）〕

对窄的丹麦海峡或者卡特加特海峡（Kattegat）注入，将那一区域的盐度提高到 25 PSU，相反，内部区域可能仅为 1 PSU~2 PSU。

除了波罗的海的总体条件，斯德哥尔摩港口的特殊条件对于瓦萨号的保存也有所帮助。从梅拉伦湖（Lake Mälaren）流出的淡水影响着海港的水温和盐度，因此，船体周围的盐度仅为 1 PSU~4 PSU，低于波罗的海的平均水平。虽然瓦萨号沉没于小冰河时期的高峰，当时海水表面以下温度比现在稍低，但是港口底部的温度看起来似乎变化不大。1913 年在斯德哥尔摩港口周围多个点位进行了测量，结果表明，底部温度相对稳定，全年大约为 2℃~5℃，而表面的温度在冬季 2℃ 和夏季 19℃ 之间变动。

化学反应和生物活性受到水中溶解氧含量的影响。波罗的海中氧含量水平通常较低，为 0mg/L~12mg/L，但是随着深度、季节和定期的藻华爆发——藻华分解时需要氧——也有很大的变化，在海床附近以及在秋季和冬季的月份里氧含量较低。在瓦萨号保存的故事中，一个重要因素是从中世纪时期起，斯德哥尔摩港口就变为废物和污水的倾倒点，而分解这些废弃物在某种程度上消耗了氧，在 20 世纪 60 年代测得氧的水平是 0。

木材的解剖结构

虽然在沉船的发现物中有各种不同的材料，但最为重要的材料是木材。因此，有必要理解这种功能多样的建造材料的组成、结构和性质，才能够理解它是如何

降解的，会对保存条件作出何种响应。

经过几千年的进化，木材在活立木中具有三种主要功能：将水和营养物质从根部传输到叶；植物体的力学支撑；储存生物化学物质。当考虑瓦萨号的保护时，时刻将这三种功能铭记在心意义重大。木材通常分为软木和硬木，有时候这些名词令人迷惑，因为它们并不描述木材的物理特性，而是反映显微结构的不同。软木源自裸子植物，植物学上定义为种子是裸露的，例如松果。软木在进化树上处于更古老的位置，而且更简单，结构更均一，只有两种类型的细胞：管胞和薄壁细胞，而且同一类型的细胞之间差异很小（图 10）。管胞就好像是一束管子，从树的根部向叶传输水、营养物质和抽提物；而薄壁细胞以淀粉的形式储存能量。硬木，例如橡木、榉木和白蜡木，结构上更为复杂，细胞类型的变化更多。从植物学的角度来说，硬木也被称为被子植物，因为它们的种子产生于果实内，例如苹果籽和七叶树种子。硬木具有一种特征的细胞类型，叫作导管，用于水的传输，而软木中不存在导管，这是硬木与软木的主要区别。导管仅仅存活几年，在一些树种中，此时导管被膜泡（侵填体）填充，赋予木材不透水的特性和抵御真菌或细菌迁徙的性能（图 11），正是侵填体的存在使得欧洲橡木（*Quercus robur* 与 *Q. petrea*）成为一种理想的造船材料。

软木和硬木都由纤维素（40%~50%）、半纤维素（25%~40%）、木质素（18%~33%）和大约 1% 的可抽提物组成。纤维素由长链的碳氢化合物或者说葡萄糖单元组成，半纤维素是小一些的、其他糖类的支化分子，而木质素是一种复杂的芳香族无定形化合物。从结构上来说，纤维素形成了长的结晶链或者说微纤丝，嵌入木质素中，通过与半纤维素键合被固定。纤维素贡献了柔性和高的拉伸

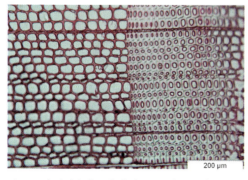

图 10 典型的软木：松木（×100 倍）［拍摄：© 夏洛特·盖尔斯楚普·比约达尔（Charlotte Gjelstrup Björdal）］

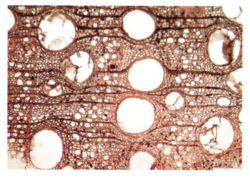

图 11 典型的硬木：橡木（×100 倍），可以清楚地看到导管中的侵填体［拍摄：© 夏洛特·盖尔斯楚普·比约达尔（Charlotte Gjelstrup Björdal）］

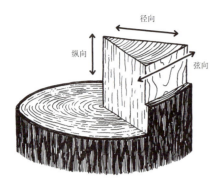

图12 示意图展示了木料中不同的木纹方向〔绘图：© 卡林·加韦林（Karin Gafvelin）〕

强度，而木质素则贡献了刚性和压缩强度，这就解释了为什么木材能够成为一种用途极其广泛的建筑材料。不同的树种中三种组分的相对比例变化很大，从而决定了不同树种木材的特性。

木材的结构导致它在不同的方向上具有不同的特性，这种现象称为各向异性。木材在导管和管胞沿着树干长度生长的方向，即纵向方向上的强度最强也最稳定。从树的表面到中心称为径向，沿着这个方向生长的结构称为木射线。而年轮的切线方向，也就是垂直于径向的方向称为弦向（图12）。木材可以随着含水率的变化而膨胀和收缩，通常而言，弦向的膨胀或收缩最大，径向较小，纵向则几乎察觉不到。

当树干生长的时候，紧挨着树皮下面，会生成一薄层新的细胞，称为维管形成层。在气候温和的地区，季节有规律性，会形成明显的生长轮，在生长周期的早期形成的木材称为早材，生长周期晚期形成的木材称为晚材，而这种区别在热带地区木材的生长中不明显。生长轮通常会反映环境的变化，是树轮年代学的基础，通过研究树木的年轮可以确定木材的年龄和来源。在形成层下面，树干由外层和内层区域组成（图13）。在外层区域，即边材，水和树汁通过导管或管胞被传输到树叶，淀粉被储存在薄壁细胞里；边材通常颜色较浅，具有新陈代谢活性。内层是心材，由不再具有活性的细胞组成，在这里储存的淀粉将转化为其他物质，统称为可抽提物，例如树脂、单宁、蜡、油和其他材料，根据树种的不同而有所差异。大量抽提物的存在，以及缺少水的循环，使得心材更耐腐朽。过去的造船

图13 从一棵树的截面可以看到心材（深色的）和边材（浅色的）

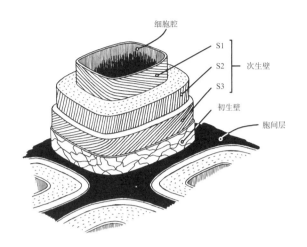

图 14 　木材细胞壁的微观结构〔绘图：© 卡林·加韦林（Karin Gafvelin）〕

工人也认识到了这些特性，力求从木料中去除边材，而留下更多的、耐久性好的心材。然而荷兰的造船传统是高效利用时间和资源，不太刻意去除边材，因此在瓦萨号木料的很多地方还留有边材，甚至还有树皮。

在显微观察的尺度上，木材细胞由围绕着中间的空腔——细胞腔的细胞壁组成，细胞腔里发生着水的传输（或蒸腾）（图 14）。相邻的细胞通过富含木质素的区域——胞间层被黏合在适当的位置。细胞壁由几层组成，初生壁相对较薄，通常很难与胞间层区别开来。然后是分为三层的次生壁，S1、S2 和 S3，这几层都由纤维素纤丝以螺旋的方式排列组成，但是相邻两层的取向方向相反。S2 层最厚，富含纤维素，纤丝排列成更为平行的阵列，与细胞壁长轴方向夹角为 5°~30°，称作微纤丝角。在木材工程研究中，这是一个非常重要的概念，微纤丝角越小，木材刚性越大，因此 S2 层是木材在径向方向上具有高强度的原因。

细胞壁之间是大量空腔和毛细结构，可以使水分通过木材结构在各个方向上传输，也使得木材成为一种多孔性材料。这种毛细结构，占木材总体积的 40% 到 90% 之间，并对密度等性能产生影响。例如黑檀，空腔的体积仅占木材总体积的 40%，因而这种木材沉重而且密实；而对于轻木（一种非常轻的木材），这一指标可能高达 90%。庞大的毛细结构提供了巨大的表面积，可以吸附水（$20m^2$/g~$200m^2$/g 木材），因此木材之中通常都有大量水。这些水以四种形式存在：化学键合水通过氢键附着在细胞壁上；木材表面吸附的单层水；木材的细胞腔和其他空腔中存在的自由水；以及水蒸气。当水不再与纤维素键合，而变为细胞腔中自由水的那个点，被称为纤维饱和点，其范围是水含量 20%~40%，依据木材的树种而定。如果木材在纤维饱和点以下干燥，键合水会逸出，就会发生收缩；如果木材加入更多的水，就会发生膨胀。木材吸收水或解吸水依据周围的环境而定，如果温度和湿度保持稳定，木材最终会达到一个与周围环境平衡的水分含量，称作平衡含水率（EMC）。水分的含量对木材的物理和力学性能具有重要影响，而且在瓦萨号保存的故事当中扮演了重要角色。

生物和化学的影响

生物和化学对木材的影响密切相关，很难将它们分开单独讨论，例如温度、盐度和供氧量对于生物腐朽的程度有巨大影响。通常而言，在海洋环境中，对于木质船舶，最大的生物威胁是海洋蛀虫的侵袭，包括甲壳类和软体类。在甲壳类生物当中，*Limnoria* 种通常被称为蛀木海虱，如果木材没有迅速被淤泥掩盖，就会对木材产生极其严重的破坏。蛀木海虱颜色呈灰白色，长约 2mm~4mm，生活在水和污泥的界面，消耗木材暴露的表面，产生直径大约 1mm~2mm、又长又窄的通道，因此持续不断地使新表面暴露。它们所能容忍的盐度最低达 14PSU~18PSU，但不喜欢 10℃以下的温度，以及被铁填充的木材。蛀木海虱广泛发现于不列颠海岸和其他气候温和的水域，包括波罗的海西部，但是迄今为止还没有到达过波罗的海北部，因此它们对瓦萨号不构成威胁。

另一个主要的木材破坏者是软体动物 *Teredo* sp.，通常被称为船蛆。它们在温暖含盐的水中，可以迅速破坏木船。蛀木海虱袭击木材的表面，而船蛆则留下了相对没有被触动过、保持原状的表面；相反，它们钻到木材里面，在通道上形成一层壳状的沉积物衬里（图 15）。木质船舶，无论是船骸或者是仍在服役中的船只，对船蛆都是极具吸引力的目标。在气候温和的水域（大约 15℃），只要有足够的供氧，船蛆（*Teredo navalis*）可以在一年内消耗 20cm 长的一块木材，并在几年之内就消耗掉整艘船。船蛆的整个成虫期都会待在一块木料中，将木材的内部完全破坏，通常能说明问题的标志就是木材表面上的一个小针孔。研究表明，成体的船蛆无法在盐度低至 4 PSU~6 PSU 的水中存活；而且在波罗的海，虽然它们看起来好像能容忍很宽泛的温度，从 -1.4℃~30℃，但最活跃的温度是 15℃~25℃。波罗的海北部和东部迄今为止的低温和低盐度阻止了船蛆的侵袭，但是伴随目前夏季变得更暖、盐度变得更高的趋势，

图 15 在挪威西海岸附近发现的一艘沉船的木材上船蛆（*Teredo* sp.）造成的破坏〔拍摄：安内利·卡尔松（Anneli Karlsson）〕

船蛆扩大分布范围、侵扰波罗的海这一威胁的可能性不断上升。波罗的海西部的一些船骸上有证据表明，在过去的一段时间存在活跃的船蛆。虽然瓦萨号没有出现任何船蛆破坏的迹象，但如果设想一下，船沉没在他计划进行军事活动的区域之一，如德国北部有船蛆活动记录的斯特拉尔松德（Stralsund），瓦萨号可能就不会保存得像现在这么好，也是一件很奇妙的事情。

在大多数环境下，有机材料的分解是通过真菌和细菌的活动，以自然的过程腐朽，被称为生物降解，会产生二氧化碳、水和矿物元素。自 20 世纪 40 年代以来，在水环境中，鉴定出超过 500 种可以降解木材的真菌，但是直到晚近，细菌的降解功能才被认知，而且仅仅有几个细菌的种群被鉴定出来。在真菌和细菌这两种情况下，从表面向内攻击过程的速率取决于周围的条件，例如温度、盐度、供氧量和 pH 值。生活在水环境中的真菌主要属于 *Ascomycetes* 和 *Fungi imperfecti* 种，会导致木材的软腐。真菌会产生长的细丝，称为菌丝，菌丝能够穿透木材细胞壁之间的开口，到达细胞腔，在那里，它们可以接触到富含纤维素的次生壁。真菌会释放酶，选择性地降解纤维素和半纤维素。在有利的环境条件下，真菌复制过程中会释放大量孢子，可以迅速地扩散到木材的其他部分。

水下的生物降解，其中有两类细菌扮演着重要角色，隧道菌（tunneling bacteria）和腐蚀菌（erosion bacteria）。隧道菌可以降解所有的木材聚合物，包括木质素。在水环境中，隧道菌通常伴随着软腐菌出现，因为它们通常都会沿着真菌菌丝打开的通路行进。然而隧道菌和软腐菌仍然需要相当高的氧含量。在瓦萨号的情况下，虽然在船刚刚沉没之后，氧的含量可能是足够的，因此边缘被软腐菌和隧道菌侵袭，一旦氧耗尽，它们的活动水平就降低了。然而还有一些菌种，通常称作腐蚀菌，即使在极度低氧的条件下也可以生存（图 16）。腐蚀菌可以降解纤维素和半纤维素，但是不能降解富含木质素的区域。它们通过细胞壁之间的开口进入细胞，倾向于先侵袭 S3 层细胞壁，再达到富含纤维素的 S2 层（图 17）。最近的研究表明，瓦萨号木材被埋在至少 50cm 以下的沙质沉积物中（而不是细颗粒的、高有机物含量的沉积物），在某种程度上，保护了船体使之免受腐蚀菌的侵扰。但是即使这些预防措施也不能保证阻止那些有害的生物，在河流中，厚达 3m 的沉积物中也可能发现腐蚀菌。

斯德哥尔摩港口低温和无氧的环境，在某种程度上减缓了微生物的活动，因此在水下沉没了 333 年之后，瓦萨号暴露在外的木材只有外层的平均 15mm~20mm 显示了降解的迹象。纤维素和半纤维素被消耗殆尽，但是富含木质

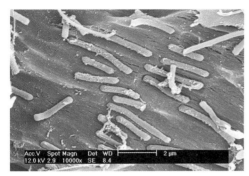

图16 腐蚀菌〔拍摄：© 夏洛特·盖尔斯楚普·比约达尔（Charlotte Gjelstrup Björdal）〕

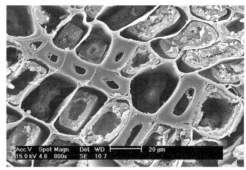

图17 腐蚀菌对木材的影响，可以看到并列的健康木材细胞和受影响的木材细胞〔拍摄：© 夏洛特·盖尔斯楚普·比约达尔（Charlotte Gjelstrup Björdal）〕

素的区域相对来说没有被触动。虽然原始的形状和细节被保存了下来，但饱水木材的外表面是软的、脆弱的，像海绵一样，特别易于被磨损或冲击破坏。除了木材，在瓦萨号上找到的其他有机材料也对微生物侵袭很敏感，纺织品和皮革、生活物资，例如干的豆子，当然还有包装的肉，遇难者的软组织，都不同程度受到了影响。相对于植物纤维，由羊毛和蚕丝等动物纤维制成的纺织品，在考古环境下更易于保存下来。在瓦萨号的案例中，羊毛和皮革的衣服保存得相当好，但是将它们缝缀在一起的亚麻线都腐朽了。然而瓦萨号大麻材质的帆和绳索是一个非凡的特例。这些帆和绳索被发现的时候堆成一堆，储存在底层甲板一个专门的舱室里。虽然最上一层极度脆弱（纤维一碰就碎），但是在这一堆的底部找到了保存最好的部分，它们的保护将在第六章进行描述。

另外一种类型的细菌，硫酸盐还原菌也可以在低氧的环境下生存。它们的活动依赖于水化学，虽然不直接介入到木材降解中，但是它们在其他化学反应中扮演了重要角色。在低氧的条件下，硫酸盐还原菌会从其他渠道寻找氧，在瓦萨号的案例中，氧的来源是几个世纪以来，在港口底部累积起来的、富含硫酸盐的污水。通过利用这些废物进行新陈代谢，硫酸盐还原菌消耗硫酸根离子中的氧生成硫化氢，而硫化氢对很多微生物来说都是有害的。

1834年和1853年的两次霍乱大流行被归咎于斯德哥尔摩供水的质量太差，其中硫化氢含量很高，氧含量很低。大约在1900年，由斯德哥尔摩的健康主管部门授权，在港口周围多个点位进行了一系列水质测量。除了鉴别出硫酸盐还原菌 Beggiatoa sp. 以外，测量表明，遗址附近两个点位——斯鲁森（Slussen）和萨尔舍克瓦恩（Saltsjöqvarn）的水，在18m以下的深度几乎完全无氧，而且有高含量的硫化氢。这种状态的持续恶化于 1906 年 12 月 8 日首次达到了顶峰，并在 1914 年 12 月 2 日再次达到顶峰。当时恰好居住在斯鲁森（Slussen）南部的人们感觉到强烈的臭鸡蛋气味，并看到死鱼漂浮在云状的黄色海水中。据推断，表面的水变得很冷，因此密度升高并下沉，替代了底部较暖的水，暖水团升到水面，释放了致命的硫化氢。

虽然 1941 年在亨里克斯达尔（Henriksdal）建设了一个水处理工厂，两年之后的测量表明，水中仍溶解有高浓度的硫化氢，浓度为 4mg/L~8mg/L，在较深的水中高达 14 mg/L。当 20 年之后，瓦萨号被打捞上来的时候，测量的硫化氢浓度是 5 mg/L。虽然当船在水下的时候，这些有害物质阻止了微生物对瓦萨号木材造成进一步侵袭，但是木材当中存在的硫化物，形成了一个定时炸弹，多年以后导致了最大的保护问题。

对金属的影响

水化学对于金属腐蚀有深远的影响，金属在酸性条件下或高含量硫化氢的条件下通常不会保存得很好。当瓦萨号被打捞上来时，与船相关的铁器里面，只

图 18 瓦萨号的舵，可以看到幸存下来的原始舵枢上的铁带（底部）和重建的部分（上部）〔拍摄：安内利·卡尔松（Anneli Karlsson）〕

有很少的几个还保持金属形态，大部分，例如将船固定在一起的铁栓、炮架的铁质配件、工具和武器的刃几乎完全腐蚀了，只有大一些的器物，例如锚和一个舵的舵销和舵枢仍保留着金属芯。对于保存较好的舵的五金配件来说，除尺寸原因以外，还有一个原因，就是它们都被抛入了具有保护作用的黏土沉积物中（图 18）。

在遗址上，底部沉积物显酸性，pH 值为 2.8~3.2，可能在过去的几个世纪里变化都不大。在水环境中，相邻的金属元素之间会发生我们所说的电化学反应或者是形成原电池，其中更具活性的金属（阳极）失电子，并转移到较低活性的金属（阴极）上，从而产生电流。阳极材料失电子并逐渐腐蚀，而阴极材料得电子从而被保护。如果两种不同的金属相互接触，就会发生电化学反应，特别是那些在电势序列上相距较远的金属。因此在实践中，如果发现铁和铜挨得很近，铁通常会腐蚀，而铜会被保护。当金属在制造过程中引入杂质时，内部也会发生腐蚀，特别是在古代，很少能生产高纯度的金属，杂质很容易混入结构中。第六章的进一步讨论表明，这种情况可以导致点蚀，并增加器物内部的孔隙度。对器物进行弯折或者施压，也可以导致原位腐蚀。另外硫铁化合物具有良好的导电性，而且在原电池中可以形成高效的阴极，而金属铁会扮演阳极，形成循环的加速腐蚀机制。

在 1967 年，针对一些瓦萨号的铸铁炮弹，开展了一项关于腐蚀速率的研究。通过比较腐蚀的深度，计算得到平均腐蚀速率是 0.04mm/ 年或 1mm/25 年。基于这一计算结果，一根 4mm 粗的钉子（半径 2mm），将会在 50 年之内完全腐蚀，而且 25 年之后肯定会损失强度。然而由于被研究的器物是船上一些保存比较好的例子，实际上非常有可能的是，位于船的高处、暴露到水流中的锻铁器物，由于没有受到沉积物的保护，可能腐蚀速率很高。事实表明，仅仅在瓦萨号沉没之后 35 年，就可以相对容易地把大炮从炮架上移走，说明当时固定大炮的锻铁配件已经腐蚀得足够严重了。

与木材的腐朽相比，铁的腐蚀是稳定但快速的，在某些方面不无裨益。铁的腐蚀产物可以渗透到木材的多孔结构中，使木材表面变得更硬、更耐腐朽，而且也降低了对于微生物的吸引力。船上的很多位置和器物上，通常在螺栓和铁质配件附近，原始的木材表面已经被铁的腐蚀产物填充，保护它们免受进一步的机械破坏，而周围的区域都被侵蚀了（图 19）。尽管原始的特征已经丢失了，但是根据锈迹，通常可以确定铁质配件的原始尺寸和位置，这些区域被命名为"幽灵"（ghosts），可以给考古学家提供丰富的诊断信息。

瓦萨号上铁腐蚀的另一个偶然结果是，很多用于固定雕刻、狮子面具、大部分艉楼结构、喙形船艏和内部陈设的铁钉迅速地腐蚀了，使得这些器物掉入底部的沉积物中，而沉积物保护了它们，使之免受侵蚀。基于计算所得铁的腐蚀速率，有可能在船

图 19　铁钉和螺栓的腐蚀产物侵入了周围的木材中，形成更为坚硬的区域，更不易腐朽〔拍摄：安内利·卡尔松（Anneli Karlsson）〕

沉没之后的 50 年内，铁钉的腐蚀就轻而易举地发生了。出人意料的是，内部的雕刻保存得相对不好。当钉子腐蚀后，它们没有掉落在沉积物中，而是掉落在甲板上，因此遭受到进一步的侵蚀。索具组件所发现的位置，也提供了证据，表明铁质紧固件的腐蚀先于绳子的腐朽。

经过详细地检查文物的地层学特征和木材的状况（是否仍保留有破碎的边缘和表面），确定了船体结构坍塌的顺序。在船沉没之后，喙形船艏和艉封板，由于被铁钉固定，而且悬吊在船体的外部，可能坍塌得相对迅速；紧随其后的是船艉廊台⑤。很多船艉雕刻的细节轮廓分明，表明当紧固件腐蚀之后，它们也掉落在沉积物中。但在此之前，这些雕刻可能已经被冲刷得很严重，正如很多（不是全部）炮门盖子上的狮面的情况。然后艉封板和船舷的外表面就暴露在水流中，水流可能打碎了艉封板的玻璃窗，使得沉积物堆积在船艉结构上。艉楼舱室的木料破碎得特别严重，表明受到一些机械作用力，由于断裂的茬口也腐朽了，推断这些都是陈旧的损坏。

人类的影响

人类的干预往往是突然和猛烈的。这些干预包括船沉没本身，当船下沉的时

⑤　船艉廊台（quarter gallery）是 16 至 19 世纪帆船船艉的建筑特色。船艉廊台是一种阳台，通常位于艉楼的侧面。船艉廊台主要用作船员的厕所，在恶劣天气下，还使得船员无须出门即可看到船的前帆（译注）。

图20 一个灯罩下端被烧焦，有可能发生在船倾覆
的时候〔拍摄：安内利·卡尔松（Anneli Karlsson）〕

候，帆灌满了水，强大的力量足以把上层围栏扯离船体。当船触碰到海底的时候，猛烈的冲击力导致压舱石移动到左舷，并击穿了甲板板。船载器物上可以发现更进一步的破坏。在一个灯罩的底侧发现了烧焦的痕迹，有可能发生于船倾覆的时刻（图20）。另外有一位死难者，证据显示他的腿折断了，很可能是船沉的结果，因为骨骼还没有足够时间愈合。绝大部分罐子和玻璃器物发现的时候都破碎了，虽然这种情况可能发生于任何时间点。在记录船体的过程当中，最近刚刚发现了其他的破坏。左舷前部23根肋板发生了断裂，这一区域的大木钉也折断了，可能当船触底的时候，导致了十分剧烈的破坏。

船沉没之后第三天，英国人伊安·布尔莫（Ian Bullmer）就获得了优先打捞权，去打捞瓦萨号的船体。他成功地将船体拖正，但是在这一过程中，可能使船体陷入了更深的淤泥中。其他的几种尝试也失败了。很可能在1628年的秋季，在港口冬季封冻之前，顶桅、索具和帆这些伸出水面的部分被移除了，有可能在其他的船上被二次利用。打捞这艘船的尝试逐渐被放弃了。到17世纪60年代，注意力转向于打捞64门铜炮，因为这些铜炮比船体本身更具有经济价值。在1663~1665年，企业家汉斯·阿尔布雷克·冯·特雷列本（Hans Albrecht von Treilieben）与他的搭档——工程师安德烈亚斯·佩克尔（Andreas Peckell）一起，成功打捞了至少55门炮，也有可能多达60门。其他铜炮随后在1683年被约根·利伯顿（Jörgen Liberton）打捞上来。

不可避免地，这些早期的打捞尝试对船体造成了一些物理损坏，同时在遗址上留下了很多残片。在佩克尔的报告里，几乎整个第一季的潜水都用于清理上层甲板的残片，这些残片都是其他打捞尝试所留下来的。残片中可能包括了下桅支索的很大部分，因为它阻挡了潜水员的潜水活动。当船被发掘的时候，很多稍大些的圆材都没有找到。有可能在这一时期还拔除了前桅和主桅，并有意将其放置在船的旁边。因为假使它们是自己倒下的，应该会对周围的结构造成更大的损坏。事实证明佩克尔在寻找大炮的过程当中，进行了非常粗暴的干

图 21 露天甲板的一根甲板横梁断裂了，有可能是 1663~1665 年打捞大炮时所致〔拍摄：安内利·卡尔松
（Anneli Karlsson）〕

预。为了找到下面的大炮，他们掀开了上层甲板，导致了至少七根甲板横梁破裂（图 21）；脆弱的部分，例如雕像和上层围栏也可能在这些早期的打捞活动中遭到破坏。佩克尔（Peckell）的报告显示，从遗址上移走了 30 车木材。与之相反，通过打开的炮门，移走了下层炮台甲板上的大炮，对周围结构造成的损坏就没有那么明显。报告显示，至少有一门炮掉落在上层甲板上，可能砸破了至少一

根甲板横梁。

当大炮被打捞上来之后，船就被留给了自然之力。在之后的200年中间，斯德哥尔摩不断扩张，开展了一些滨海的建设项目，自19世纪50年代，贝克霍尔门码头的诞生起，直至1920年古斯塔夫五世干船坞的建成而告终。瓦萨号船骸的位置恰好正对这座船坞。在瓦萨号的上层甲板上，发现了建设过程中爆破所产生的大量碎石，以及后来在干船坞中整修的船只倾倒的锅炉矿渣，它们集中在最靠近船坞的左舷的前半部分，以及船艉的舱室里。后甲板和艉楼甲板，可能由于碎石的倾倒而倒塌了，但是船舷的肋板仍在原位，表明破坏力是向下作用的。另外一件较晚近发生的事件也足够剧烈，破坏了很多剩余的船艉结构：一艘船可能在这里下锚，当起锚的时候导致了这些破坏。这件事可能发生于1956年，瓦萨号再次被发现之后不久。当时的潜水领队，佩尔·埃德温·费尔丁（Per Edvin Fälting）——为皇家海军工作的一位平民报告说，艉楼的破坏程度比他在前一年所见的更为严重。在19世纪，船骸遗址被用作海军潜水员的训练场，这可能是左侧艉柱遗失的原因，那是一根非常大的结构性木料，大约5m长，至今踪迹全无。

参考文献／注释

关于埋藏地点环境的信息见 Barkman 1967，1975a，1977，1978 以及 Hocker and Wendel 2006 关于遗址条件的专门信息。瑞典语的资源 Huss and Sondén 1920 和 Sondén 1914 描述了20世纪初期水的质量。

关于木材结构有很多资源可以使用，主要有 Wiedenhoeft 2010 和 Forest Products Laboratory 2010。

关于木材的生物降解，特别是在波罗的海区域的文章，可见 Björdal and Grepory 2011，主要有 Appelqvist and Björdal 的文章。

关于对器物影响的信息见 Arrhenius 1967 和 Barkman 1977。

第 三 章

打捞与发掘

虽然瓦萨号这艘伟大战船的残骸从公众的印象中逐渐消逝，但他从来没有被彻底遗忘，在 19 世纪晚期，沉船的遗址就被标识在港口的海图上。现代有关瓦萨号的故事大部分要归功于安德斯·弗伦岑（Anders Franzén）的决定，他是一位土木工程师，雄心勃勃地要找到瑞典鼎盛时期重要的战船。他在斯德哥尔摩港口搜寻了数年，但是无功而返。1956 年，他和佩尔·埃德温·费尔丁（Per Edvin Fälting）组成了一个团队，在那一年的 8 月 25 日，当弗伦岑的钻头从贝克霍尔门岛外一个巨大的、被掩埋的物体中带回一条橡木时，他们的努力终于得到回报。十天以后，费尔丁在遗址上第一次下潜，并报告发现了一个巨大的残骸，有两层炮台甲板，这一有力证据足以证明那就是古斯塔夫二世阿道夫的大船。瓦萨号在水下孤独的等待终于结束了！

接下来的几个星期，他们通知了主管当局，而且将打捞这艘船、并在一个新博物馆中展示的想法写入了备忘录。此前，从未有人尝试做如此规模的工作，但是弗伦岑的热情极具感染力，他成功说服了一些关键的机构参与到这项大胆的打捞计划当中。1957 年春季，成立了一个专业委员会，研究打捞、保护和展示这条船的可能性。瑞典皇家海军也被弗伦岑描绘的图景所激励，深度参与其中，派出了潜水员，他们在沉船遗址上完成现场工作的年度认证。海王星潜水和打捞公司（Neptune Diving and Salvage Company）承诺免费提升船体，条件是采用他们熟悉的方法。在众多参与的机构中，国家海事博物馆（National Maritime Museum）被委派承担考古方面的任务，瑞典古物委员会（Swedish Antiquities Board）〔现在的国家遗产委员会（National Heritage Board）〕同意协助进行器物的保护。打捞这艘船是一项极为雄心勃勃的技术创举，这项工作也令瑞典牢牢地站上了世界舞台的中央。

提升的准备工作

由于遗址位于斯德哥尔摩港口主要航道的中间，因此计划把这艘船转移到一个较浅的位置，从而远离繁忙的轮渡交通，在那里他可以被封闭，使之具有水密性，为最终打捞出水做准备。这就需要假定船体可以从淤泥的吸力中被释放出来，而这也正是之前打捞尝试受挫的原因。在 1957 年和 1958 年夏季，测量了遗址并清

图 22　潜水员在船的下部挖掘，以穿过起吊的缆索（瓦萨博物馆与实物等大的模型）

图 23　连接到提升平底船——奥丁（Oden）和弗丽嘉（Frigg）上面的缆索（瓦萨博物馆的模型）

理了残骸，在船的下面挖掘了六条通道，以使得钢质的提升缆索可以穿过船底（图 22）。这是一项复杂且危险的工作，潜水员不仅要冒着被他们头上巨大结构砸中的风险，而且由于遗址位于贝克霍尔门古斯塔夫五世干船坞的入口，工作时常会被打断，潜水平台被移走，以使得需要维修的船只能够进入船坞。舵在此期间被移走，费尔丁（Fälting）切断了舵柄的尾端。在 1958 年 9 月，三门炮首先被打捞上来，为船骸的时代和身份提供了进一步的证据。

　　到 1959 年 8 月，所有首次提升的准备都完成了。这个程序，本质上来说与 17 世纪的尝试别无二致，但使用了现代的材料以及更大的提升力（图 23）。成对的、直径 70mm 的钢缆穿过船的下部，并连接到两艘提升的浮船——奥丁（Oden）和弗丽嘉（Frigg）[6]上，它们的提升力加

⑥　奥丁为北欧神话中的主神，弗丽嘉为奥丁的妻子。参见保罗·赫尔曼（Paul Herrmann）著，张诗敏，许嫚红译，《北欧神话：世界开端的尽头与想象》，上海人民出版社，2020（译注）。

起来有 1200 多吨。虽然计算表明，使瓦萨号从淤泥中脱离，所需总的提升力是 600~750 吨，但是没有人知道船体实际上会作出何种反应。钢质缆绳被绷紧，水泵抽出了浮船中装载的水，直到最后浮力超过黏土的吸附力，瓦萨号的船体终于脱离了海底。在接下来的四个星期里，通过连续 18 次提升，船逐渐移动到城堡岛（Kastelholmen）附近较浅的水域。这艘船原来船头较重，易于触底，因此需要比原计划更多的提升次数，以重新布置提升缆索并将船调头。在接下来的 18 个月里，瓦萨号被保留在城堡岛（Kastelholmen），有记录表明，那里洋流足够强，可以清洗船骸的部分淤泥，当然这也有可能导致暴露的表面被冲刷。

原计划是把船体转移到附近的古斯塔夫五世干船坞，在那里他可以被放置在一个永久性的、但是可以移动的工作平台上。1960 年 11 月，位于斯德哥尔摩北部耶夫勒（Gävle）的斯堪尼亚水泥厂（Skånska Cementgjuteriet），受雇用增强水泥建造一个可以下潜的浮船，尺寸是 56m×21m×3.75m，内部分为 40 个舱室，可以根据需求填充或排干水。同时由于瓦萨号很多结构倒塌了或者被船锚撕裂了，为准备最后的提升，需要大量工作封闭船舻。为给进一步提升提供空间，船舻弯骨（方形船舻与船舷夹角之间沉重的角柱）被移除了；而且必须切除一些折断木料的尾端，这些构件在后期的重建当中都被恢复了；部分船舻端也以这种方式用木板封闭了。为准备最终的提升，从上层炮台甲板清除了几吨重的残骸和淤泥，以安装四根直径 37mm 的铁质拉杆，将船舷的上部固定在一起（拉杆所形成的洞，今天依旧清晰可见）。通过原有的栓孔插入 20mm 粗的铁栓，把船固定在一起。而且炮门都被盖住了，并用织物衬垫在内侧密封。潜水员花了很多时间用锥形的大木钉塞住排水口和剩余的栓孔，用短麻纤维、碎布、动物脂肪和油麻丝在木料之间捻缝，以使得船尽可能水密。最后提升的缆索被替换为稍粗一些的，这样当船浮出水面的时候，可以承受更大的重量。

最终的提升

最终的提升发生在 1961 年 4 月 24 日，新型的电视媒体在全欧洲进行了现场直播。这一日期不是由那些参与打捞的人确定的，而是由公共关系团队在大约一年之前就敲定的。几个月疯狂的准备后，终于使船按时就位。然而，操作也并非毫无风险，没有人能够预知船体是否能够承受提升出水时所受到的额外的力，特别是原始的铁栓和钉子已经腐蚀殆尽，而木材的腐朽程度基本上未知，甲板堆积

图24
(a)1961年4月，瓦萨号刚好在水面以下；
(b)开始浮出水面〔拍摄：萨尔斯泰特图片机构（Sallstedt Picture Agency）〕

图 25 安德斯·弗伦岑（Anders Franzén）（右）和佩尔·埃德温·费尔丁（Per Edvin Fälting）的摆拍〔拍摄：萨尔斯泰特图片机构（Sallstedt Picture Agency）〕

的淤泥量也无从知晓。然而大约在上午 9 时，水泵开始工作之后 30 分钟，第一块木料终于破水而出（图 24）。弗伦岑（Franzén）和费尔丁（Fälting）从一个小型划桨船上，象征性地向瓦萨号的船体迈出了步伐，摆拍了照片（图 25）。与此同时，在人们的视线之外，潜水员们在疯狂工作以堵住船体上剩下的洞。当船升得再高一些之后，用塑料将暴露的木料包裹起来，船体用水管喷水，以防止过早的干燥（图 26）。船仍旧漏得像筛子一样，泵必须 24 小时不间断运行，以使瓦萨号能够保持在水面以上。船在淤泥重压之下的完整性显然受到极大关注，尤其是当时船艉伸出了提升浮船之外。船体被提升之后的第二天，一队考古学家被允许上船去发掘器物并清除淤泥（图 27）。

图 26 戈兰·贝延格伦（Göran Bergengren）和布·伦德瓦尔（Bo Lundvll）在用塑料包裹暴露的木料以防止干燥〔拍摄：萨尔斯泰特图片机构（Sallstedt Picture Agency）〕

图 27　考古学家过筛淤泥以寻找文物

5月4日，由于船体向左侧倾斜严重，并且吃水太深，第一次将瓦萨号转移到浮船上的尝试被迫放弃了（图28）。12天以后，又清除了400吨淤泥，并且额外增加了提升容量各5吨的两个浮力设施后，第二次尝试终于成功了（图29）。船被放置在28个龙骨墩上，稍稍偏离中心。在船舷和船坞之间，以及船的腰部外板（船体最宽部位纵向的厚重长条木料）下面放置了临时性的支撑木料。稍晚，10根铁带悬吊在船体下方，铁带上端穿过炮门，下端连接到浮船的D形环上。在船的腰部外板的高度，在铁带之间的空隙插入支撑木料，以将船体的部分重量直接转移到浮船上（图30）。由于在船周围的高湿环境下腐蚀严重，一年以后，这些支撑的铁带就不得不被传统的木质支撑所取代。

打捞之后的一个星期，在瓦萨号周围开展了密集的活动。考古团队夜以继日地工作，尽可能清除淤泥，同时依旧在仔细地开展文物记录工作。与此同时，技术人员不辞辛劳地工作，尽可能加固结构。然而由于内部

图 28　瓦萨号正在进入贝克霍尔门干船坞，明显向左舷倾斜〔拍摄：萨尔斯泰特图片机构（Sallstedt Picture Agency）〕

图 29 需要额外的浮力把
瓦萨号放到下面的平底船上
[拍摄：萨尔斯泰特图片机构
（Sallstedt Picture Agency）]

累积的淤泥，船依旧处于极度危险之中。增加了更多的支撑木料，而且由于内部的甲板变得更易于靠近，又从船的下部插入了铁栓，将船舷固定在一起（图 31）。最开始的发掘计划是必须从上层甲板向下，一层甲板一层甲板地发掘，但是到 1961 年 7 月，工程师们担心船体的超重问题，请求考古学家们绕过底层甲板，这样可以先移除底舱中沉重的压舱石。此时发

图 30　临时的支撑使船体直立在浮船上〔拍摄：萨尔斯泰特图片机构（Sallstedt Picture Agency）〕

现，当船沉没的时候，作为压舱石的圆石头发生了移动，这就解释了船为什么向左侧倾斜，而且石头的移动使得左舷甲板板脱离了左舷。考古领队建议，在船体的一侧开一个洞，以便于移除压舱石，但是被工程师们否决了，因为他们相信这将会有损结构的强度。取而代之，用安装在厨房舱口的一个起重机移除了 120 吨压舱石，几个星期之后，又用这台起重机移除了 2 吨厨房砖。

与此同时，船体用冷水喷淋，以阻止他变干，喷水量为 2 万升 / 分钟。这些水最开始取自于城市用水系统，但是后来相邻的产权单位抱怨他们的供水系统没水了，于是就用来自港口的水代替。稳定、持续不断的水喷淋，导致淤泥在底舱堆积，淤泥堵塞了排水孔，最后必须在船的底部、龙骨的右舷一侧开一个大约 $20cm^2$ 的洞，以改善排水。在洞的下面放置了一个

图 31　插入临时的螺栓把船舷固定在一起

图 32 在船上方安装屋顶的构架〔拍摄：萨尔斯泰特图片机构（Sallstedt Picture Agency）〕

图 33 1961 年 7 月，浮船上的瓦萨号被重新放置在贝克霍尔门岛的西北部〔拍摄：萨尔斯泰特图片机构（Sallstedt Picture Agency）〕

筛子，去接住任何可能被遗漏的器物。即使考古发掘在九月底正式结束了，淤泥和水的淤积仍旧是一个问题。在紧挨着龙骨的第一层列板上，又钻取了 68 个直径 80mm 的圆洞，以使得淤泥顺利溢出。

当瓦萨号在干船坞中的时候，为了保护船体，使之免受风吹日晒，在船的上面建造了一个由预应力水泥屋架构成的屋顶结构（图 32）。之后，屋架用隔热的铝质顶盖覆盖，形成密闭结构，并将这艘船包裹在里面。七月底，由于干船坞需要维修和维护仍在服役期的船，瓦萨号被重新放置到贝克霍尔门岛西北侧的贝克霍尔门运河（图 33）。用浮吊移走了 11m 长的主桅残余部分，那是最后一件从船上移除的重要物品。

图 34　当屋顶的顶盖完成后，瓦萨号在漂浮的浮船上被转移到瓦萨船坞（Wasavarvet）进行保护

图 35　瓦萨船坞（Wasavarvet）的临时博物馆。

最后，在十一月，整个结构被转移到瓦萨船坞（Wasavarvet）进行保护，也就是现在水族馆的位置（图 34）。在建筑内安装了两层走廊，使得船在保护的同时，公众也可以参观。并在上层甲板之上建造了一个步道，步道与船离得非常近，因此很多观众直至今天都确信他们曾经登上过瓦萨号。漂浮在浮船上、包围着船体的建筑，通过步道与岸上的建筑相连，那里的房间包括咖啡厅、办公室和展示空间。在 1962 年 2 月 16 日，临时的瓦萨博物馆正式开馆了（图 35）。最初计划租用这个地点 6 年，直至 1968 年 4 月，因为据当时乐观的估计，到那个时候保护就应当结束了。事实证明保护和重建远比预期复杂，实际上最终瓦萨号在瓦萨船坞（Wasavarvet）驻留了整整 27 年。

回顾过往

瓦萨号打捞项目在规模和创业精神方面都是极其大胆的，这一项目的成功在很大程度上要归因于天时地利人和。船沉的位置恰好位于斯德哥尔摩海军船厂的旁边，因此项目可以利用那里的技术专家、训练有素的人员以及必要的港口设施去实施打捞。此外，当时的舰队指挥官是爱德华·克拉松（Edward Clason），他的父亲和祖父都是历史学家，因此他乐于为这一项目提供海军的资源和人力。不到十年之后，瑞典皇家海军将他们在斯德哥尔摩的军事行动转移到斯德哥尔摩群岛的穆斯克岛（Muskö），这一关键参与方的缺失，可能会阻碍这种大规模项目的重复开展。最后，瓦萨号打捞项目还得益于精心筹划的媒体策略，有助于把瓦萨号从 17 世纪的一败涂地重塑为一个当代的成功故事。

参考文献 / 注释

　　关于瓦萨号打捞和发掘的详细描述见 Bengtsson 1994，Cederlund and Hocker 2006，Claus 1986，Håfors 2001 及 Lundström 1963。

　　关于项目重大意义的回顾见 Helmerson 2013。

第四章

保护瓦萨号：
一项令人望而生畏的任务

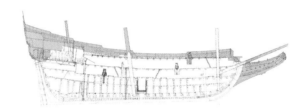

　　打捞船体的热情在某种程度上遮蔽了对于保护方案的需求。虽然在 1958 年瓦萨委员会提交的一份报告中，审察了瓦萨号打捞和展示的可能性，其中四十三页的报告也仅有三页涉及了保护。平心而论，部分原因是之前和当时，都没有人曾经成功地保护过如此之大的饱水木质文物，没有可直接借鉴的先例；而且也有人认为，部分原因是只有当船打捞上来之后，才能够对船体结构和状况进行全面评估。公众的意见在这一问题上也存在很大分歧，有一些人相信，保护处理是不必要的，而另一些人则认为保护是不可能的。

　　1961 年春季，瓦萨委员会为了管理这个项目成立了一个权威机构，基于预计在船上可能发现的各种材料，邀请了各个领域的专家，组成了一个保护委员会。保护委员会的第一次会议在 1961 年 5 月举行，也就是瓦萨号被打捞出水十天之后。在同一个月，化学工程师拉尔斯·巴克曼（Lars Barkman）受雇成为全职的保护部负责人（图 36），此前器物的保护由瑞典古物委员会进行监管。巴克曼希望招募一个保护团队，包括保护人员布·伦德瓦尔（Bo Lundvall），他 1957年受雇于瑞典古物委员会之后，一直在处理瓦萨号的材料；还有比吉塔·霍福什（Birgitta Håfors），一个刚刚毕业的化学家，正在寻找夏季就业的机会（图 37）。考古学家斯文·本特松（Sven Bengtsson）曾经参加过发掘，在秋季也加入了这个团队（图38）。他们三人将全部职业生涯奉献给了瓦萨号的保存，霍福什最终取代了巴克曼成为保护

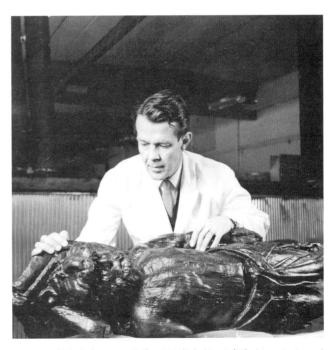

图 36　保护部负责人——化学工程师拉尔斯·巴克曼（Lars Barkman）

图37　布·伦德瓦尔（Bo Lundvall）和比吉塔·霍福什（Birgitta Håfors）正在研究船上发现的剪式炮弹

图38　考古学家兼保护人员斯文·本特松（Sven Bengtsson）正在用 PEG 对船艉的一件雕刻进行表面封护

工作的负责人。瓦萨委员会之后将管理这个项目，直到 1964 年 7 月 1 日，从那以后，责任移交到国家海事博物馆。

很早就意识到有必要采取两种保护策略：一种用于保护从遗址上找回的几千件器物，另外一种用于保护船体本身。瓦萨号是大约五层楼高的一个结构，而且还处于含水状态，重约 900 吨~1000 吨。器物

图39　文物在水槽中等待保护，瓦萨号的船体作为背景出现

可以储存在水箱里等待保护（图 39），而船体则需要立即维护，因为瓦萨号已经开始出现干燥和开裂的迹象。由于几乎没有保护一艘这样尺度的船的先例，也没有时间去进一步开展昂贵的实验，正如巴克曼后来描述这一境况时所提到的，他和他的团队面临着一项"令人望而生畏的任务"。唯一实际的选择，就是基于当

时所拥有的知识，开始一个保护程序，同时也要有心理准备，进行过程中可能有必要作出变更。瓦萨号的保护从本质上来说就是一项规模庞大的实验。

1961 年船体和器物的状况

总体而言，木材特别是橡木的构件，状况都很好，仅仅外层 15mm~20mm 的木料受到了微生物活动的影响，微生物去除了富含纤维素的区域，留下了相对来说没有被影响的富含木质素的区域（图 40）。发现了真菌菌丝的痕迹，但是根据巴克曼的意见，数量没有多到足以影响木材强度的程度。平均含水率在 150% 左右，也就是每 1kg 木材细胞壁物质含 1.5kg 水，与含水率大约 120% 的新鲜橡木相当。但这一指标波动非常大，例如有一些降解非常严重的松木木料，含水率达到了 800%。

高含水率导致木材发生了膨胀。其中部分甲板板，特别是下层的炮台甲板，已经被撑得发生了位移。瓦萨号橡木的样品在没有处理的情况下，干燥收缩是新鲜木材的 2~3 倍，表明需要某种类型的填充物质。虽然在显微镜下，木料的内部区域仍然像新鲜木材，但这些区域实际上也非常脆。1958 年，为确定船体是否能够承受提升，开展了力学性能试验，结果表明，与新鲜橡木相比，瓦萨号的木材在压缩、剪切和冲击强度方面的损失已经达到了 40%。

基于位置、木料厚度以及树种的不同，整个船体结构腐朽和被侵蚀的状况变化非常大。相对于那些暴露在水流中的部位，一些被沉积物保护的结构，例如船底，或者很快就被淤泥覆盖的甲板，被侵蚀的程度较轻。因此与上表面相比，瓦萨号甲板的下表面状况较差。对于那些更多孔的树种，例如松木、桤木和椴木来说，纤维素腐朽得更严重；而橡木由于高密度、高含量的单宁以及导管中存在侵填体，天然具有耐腐朽的特性，受到的影响则较小。橡木也主要用于大型木料，与其他树种的小型器物相比，表面积相对于体积来说较小，那些小型器物完全腐朽了，几乎没有健康的木芯存留下来。

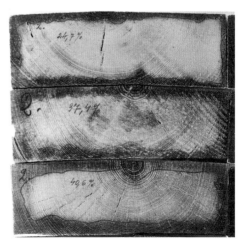

图 40　甲板板的截面，黑色的表面上可见发生微生物侵蚀的区域

船上成千的螺栓和其他铁制品的锈蚀产物，在木材表面堆积起来，形成了坚硬的壳，称为锈笋[7]（图41）。但是铁锈也渗透到木料的内部，使木材的颜色几乎变为黑色。这些区域的铁含量大约是颜色较浅木材的20倍，因此估计木材中含有约三吨

图41　发掘的照片中可见木材表面累积了铁的锈蚀物，被称为锈笋

锈蚀的铁。所谓的黑橡木由木材中存在的铁和单宁形成，在沉船中非常常见，过去作为制作家具的木料受到了推崇（图42）。实际上，在20世纪20年代，奥尔尚斯基（Olschanski）兄弟就递交了申请，希望炸开瓦萨号，主要就是为了获取黑橡木。他们的申请被否决了，对我们来说是非常幸运的。

图42　瓦萨号木材样品显示存在大量的铁污染，一般来说颜色越深铁的浓度越高

木材中铁的作用被证明是好坏参半的。当处于水下的时候，被铁渗透的木材更坚硬，更不容易被微生物接受，因此更不易于被侵蚀。然而一旦船被打捞出水，暴露在氧气中，木材中存在的铁就开启了新的降解反应，目前这已经是沉船保护的一个重要分支。然而所有这

---

[7]　原文为rusticle，指形态类似于冰柱（icicle）或石笋（stalactite）的锈蚀。该词为组合词，源自单词"锈"（rust）和冰柱（icicle），1986年由美国的深海探险家罗伯特·巴拉德（Robert Ballard）首次在泰坦尼克号船骸上观察到并使用。该词无标准译法，参考石笋译为锈笋（译注）。

一切都是在未来才会发生，在 1961 年，木材中大量含铁化合物的存在并没有引起关注，虽然也意识到了铁可能催化降解木材的组分，但是巴克曼认为，沉船遗址的条件是乏氧的（氧气含量非常低），不足以使这种状况发生。他最迫切的关注是在收缩和变形最小的条件下保护船体，而且合适的方法依然悬而未决。

保护的挑战

木材是一种有机质材料，因此不可避免地要随时间的流逝腐朽。木材聚合物和潮湿的环境对于微生物非常具有吸引力，酶、真菌和细菌很容易扎根。因此木材保存的含义通常都被阐释为通过应用防腐处理，阻止进一步的腐朽。然而在考古木

图 43　木材在没有保护的情况下直接干燥的结果〔拍摄：安内利·卡尔松（Anneli Karlsson）〕

材的背景下，还有其他问题需要考虑。无论是在水下发现的还是在陆地上埋藏的，考古木材通常都是饱水的，也就是说木材的孔填充了过量的水。木材可能轻微膨胀，因此看上去非常健康。但是一旦打捞出水，可能无法承受自身的重量，会沿着木纹发生断裂。这是因为作为木材拉伸强度主要承担者的纤维素组分，已经被微生物侵蚀了。这样的木材必须小心操纵，以防止损坏。如果饱水木材在没有任何处理的情况下干燥，那么已经弱化了的木材细胞壁，非常容易发生由水蒸发产生的表面张力所导致的塌陷，会导致不可逆转的开裂、收缩和变形（图 43）。

因此饱水木材保护的首要目标是阻止收缩、变形和尺寸的变化。有时候木材的状况足够好，通过小心地控制干燥过程，足以承受缓慢的自然干燥，而不会产生太大的损害。但是这种情况在考古木材中十分罕见，而且一旦处理失败，就没有挽回的余地。通常需要用另外一种物质取代木材中的自由水，阻止木材细胞壁的塌陷。这种材料应当易溶于水或者其他溶剂，以便渗透进木材中。

寻找处理方法

先前国际上饱水木材处理方法的结果参差不齐，而且虽然有一些方法被应用于小型器物，但处理整个船体的经验非常之少。过去也曾经发现过比瓦萨号还要

大的船。最著名的是内米湖沉船（Nemi ships），那是在公元一世纪，为罗马皇帝卡利古拉[⑧]（Caligula）建造的两艘巨大的、用于娱乐的平底船，每艘长超过 70m。1927 年，墨索里尼下令，将发现这两艘船的湖抽干，令其自然干燥。虽然在船的周围建造了保护性建筑，但是木材从来没有用加固材料处理，然后发生了非常严重的开裂和收缩，不久之后它们就在二战的战火中被摧毁了。

在 19 世纪 50 年代丹麦的一份报告中，可以找到有关降解饱水木材处理方法最早的记录，这种方法似乎很常用。木质器物在明矾（硫酸铝钾）中煮沸，之后通常会继续使用蓖麻油或乙二醇处理（其他材料，例如虫胶、硝基纤维素清漆、桐油和蜂蜡也被报道过）以阻止收缩。明矾渗透进腐朽的木材，在组织结构中变为固态。这种方法最初取得了成功，在之后的一个世纪，丹麦发现的 80% 以上的饱水木材都用明矾处理，包括 20m 长的、铁器时代的耶茨普林格船（Hjortspring）。这种方法在斯堪的纳维亚和波罗的海国家作为常规方法使用，在位于斯德哥尔摩的瑞典古物委员会的保护实验室，还在地面上安装了一个专用的、10m 长的明矾煮沸装置，作为标配设备。与挪威在 19 世纪晚期和 20 世纪早期发掘的维京时代沉船科克斯塔德号（Gokstad）和奥斯伯格号（Oseberg）同时发现的很多器物，也是用明矾处理的。但是到 1959 年，发现这些器物变得非常脆，而且缺乏力学强度，因此，它们必须在一个与博物馆的地板相隔离、控制振动的展柜中展示。那时，在斯堪的纳维亚地区开始针对明矾处理的可靠性提出质疑，虽然部分器物没有表现出不好的影响，但其余的都出现了表面起翘，有些甚至会发生严重的内部粉化。一项针对这些器物的最新研究表明，这种方法的成败，取决于木材初始的降解程度、处理条件的变化，以及是否采用了后处理和环境控制。

明矾方法没有被应用于挪威两艘船本体的保护，取而代之，考古学家们借助了挪威的传统方法，这种方法用于保存有 1000 年历史的中世纪木板教堂，例如在木材上直接涂刷蓖麻油或木馏油（一种煤焦油的馏出物）。蓖麻油减缓了水的蒸发速度，而不是取代木材中的水，而木馏油阻止了微生物的腐朽，这种处理方法适用于伫立在开阔空间的建筑。幸运的是奥斯伯格船木的处理是相对成功的，主要原因是木料降解不严重（它们的状态足够好，可以采用蒸汽弯曲至合适的形状）。相对而言，在荷兰，大约发现于 1933 年的乌得勒支船（Utrecht ship），降解得更

---

⑧ 罗马帝国第三位皇帝，朱里亚·克劳狄王朝第三位皇帝，公元 37 年 3 月 18 日～公元 41 年 1 月 24 日在位（译注）。

为严重，虽然也采用了木馏油处理，然后施用蓖麻油，但非常不幸，这些材料无法充分渗透进木料内部，导致船板发生非常严重的变形和扭曲。

在 20 世纪 50 年代的瑞典，阻止饱水木材收缩和开裂非常流行的方法，特别对于橡木，是先采用甘油，随后重复用溶于矿物松节油的蓖麻油处理。虽然甘油能够比较理想地渗透进木材中，但是它对于湿度的变化非常敏感，会形成黏乎乎、吸湿性的表面，因此这一方法通常要采用煮沸的蓖麻油进行后续的表面处理，因为蓖麻油可以氧化形成较硬的表面。在 1958 年，瓦萨委员会推荐了甘油 / 蓖麻油方法，将其作为唯一可能被安全用于瓦萨号的处理方法。事实上，1958 年之前打捞上来的大部分脱落的结构性木料，都用甘油和蓖麻油处理过。但由于这些木料中的大部分都被重新安装到船体上，然后随船体一起被喷淋，现在已经很难辨识出这些构件了。

1961 年夏季，保护委员会邀请了一些专家，为瓦萨号的保存提出建议。开始会议的焦点是选择合适的防腐剂，但是讨论很快就转移到饱水木材的填充方法上。特别是有两种产品显现了在处理大型木质文物上可能获得成功的迹象，因为它们是水溶性的，安全也易于获取。第一种是羧甲基纤维素，是木材纤维素的衍生物，被荷兰的保护人员使用，用于处理须得海（Zuiderzee）疏浚行动中发现的大量排水管道。另外一种是聚乙二醇（PEG），PEG是一种聚合物，1948 年左右开始在瑞典和美国应用于防止新鲜木材产生开裂（图 44）。PEG是水溶性的，而且无毒，现在已经广泛应用于化妆品、制药，甚至是食品。这种聚合物可

图 44　（a）水溶性的白色蜡状 PEG　（b）聚合物分子链

以制备成不同的链长，也就是不同的分子量。高分子量的是硬质的蜡，例如 PEG 4000，熔点是 55℃；中等分子量的是软质的蜡，例如 PEG 1500，熔点是 44℃；低分子量的在室温下是液态，例如 PEG 400，熔点是 8℃。瑞典莫 & 杜姆舍化学公司（Mo och Domsjö AB）的罗尔夫·莫伦（Rolf Morén）和隆德历史博物馆的一位保护人员伯蒂尔·森特瓦尔（Bertil Centerwall），决定在饱水木材上使用 PEG，最后于 1952 年对该种方法申请了专利（瑞典专利号 157302）。项目早期，PEG 渗透被瑞典古物委员会应用于瓦萨号一些小型器物的保护，并取得了优异的结果。

1961 年秋季，在一系列从王国苹果号[9]（Riksäpplet）上取得的饱水木材试块上，保护人员测试了羧甲基纤维素和 PEG，这艘船沉没于 1676 年，但是为了取得其中的黑橡木（图 45），于 1921 年被爆破。霍福什的结果表明，PEG 渗透到木材中的程度非常令人满意，而且产生了较小的收缩；而羧甲基纤维素的渗透性

图 45 比吉塔·霍福什（Birgitta Håfors）用于测试不同保护处理方式和保护材料的试验样板

---

[9] 王国苹果，也称为十字圣球、王权宝球，是一个球体，周围装饰有一条带子，上半部分装饰有一条带子，并装饰有十字架。它自中世纪早期就被统治者用作王权的象征（译注）。

较差，但是在防止表面开裂方面效果更好。于是决定将 PEG 应用于船体，这一决定见于 1962 年 3 月，大约在船体打捞上来一年以后保护委员会的一份会议报告。作出这项决定不仅基于在船载小型器物上取得了良好的实验结果，同时也由于缺少时间开展进一步实验，去测试其他材料。在船体实际保护的同时，霍福什继续开展 PEG 的实验，今天大多数保护专业人员对于 PEG 在器物保护中的认知，都来源于她早期的实验结果。

实施方法

找到一种保护材料，必须同时考虑实施方法。小型器物的处理较为容易，可以浸泡在含有加固溶液的浸泡槽中。但是当处理大型器物的时候，就存在非常明显的现实的挑战。如果采用涂刷的方式，或者把溶液喷淋到器物上，效率都不是很高，充分填充需要更长的时间；另一种方式是拆解这件器物，把器物拆成小的部分，以适用于浸泡处理。如果这艘船被拆解了，那么在保护过程当中就会出现扭曲和变形，有可能导致后续重建的复杂化。如果选择喷淋方法，那么可以通过提高器物周围的湿度促进填充，但这也会增加微生物侵袭的风险，需要考虑是否加入防腐剂的问题。

另一方面，采用喷淋方式，而不选择浸泡处理还具有其他优势。关掉喷淋比清空浸泡槽更容易，因此器物在处理的时候，相对更容易被监测，或者开展其他工作，例如记录或重新组装缺失的部件。喷淋处理还有一个明显的优势，这种方式在有可能持续多年的保护过程中，能令公众看到整个器物，是培养公众兴趣的关键因素。而如果器物放置于浸泡槽中、被昏暗的溶液所遮蔽，对于观众的吸引力则会大幅降低。

在瓦萨号的案例中，原因非常简单，存留的船体结构太大，难以放入浸泡槽。拆解这艘船的想法，在打捞之前虽然也被简单讨论过，但是非常迅速地就被否决了。因此，一旦认识到这项任务的体量和复杂性，唯一现实的选择，就是将加固材料涂刷或喷淋到表面，接受加固材料难以达到所有隐蔽表面、处理时间更长等缺点。

然而在任何处理可以开始之前，都必须尽可能地清理掉木材表面的淤泥和铁锈。为了能够接触到木板之间的空间，从船上移除了一些外板，然后用高压喷枪和 3.5m 长的手持刷子把淤泥清走。为了从这些内部空间移除船板，还钻除了固定船板的大木钉的木芯，使得大木钉可以被略微压缩，这样木板就可以被揭开

（图 46）。把木板放回原位而不折断剩下的大木钉通常是不可能的，现在通过缺失的大木钉，可以辨识出这些区域。然而，完全清理所有表面，也被证明是不现实的，最后主要是出于经济方面的原因，不得不在 1963 年 7 月中旬保护开始之后放弃了清理工作。

瓦萨号的保护程序

瓦萨号的保护计划是先在整个船体上喷淋

图 46　从船上移除一块船板以便于清理肋板之间的淤泥

PEG 溶液，开始采用稀溶液，然后随时间延长逐渐提高浓度。最开始选择分子量 4000 的 PEG 在实验室进行试验，结果表明 PEG 4000 综合性能较好，吸湿性不是特别强，干燥后形成具有一定硬度的蜡状涂层，成为保护性的表面。可以通过维持比较高的相对湿度（RH），以促进 PEG 向木材渗透。一旦填充完成，就可以关闭喷淋系统，相对湿度将逐渐降低，使得木材在可控的方式下干燥。

然而，首先需要启动紧急程序，去处理从打捞开始就在船体表面滋生的海藻（图 47）。在 1962 年 4 月，大约 3% 的五氯酚钠溶液加入到 20% 的 PEG 800 溶液中被喷到船上。几个星期以后又进行了第二次喷淋，这一次五氯酚钠溶液被加入到 25% 的 PEG 1500 溶液中。然而这一紧急处理措施暴露了一个问题，虽然五氯酚钠是一种有效的杀菌剂，但是不易溶于

图 47　木料表面生长的海藻

水或 PEG，也不能渗透到木材较深的部位。这迫使保护人员去测试其他杀菌剂，例如在那个时代广泛商用的硼酸盐。硼酸盐在 PEG 中的溶解性好很多，也可以很好地渗透进木材中。由霍福什承担的实验表明，最好的配方是混合 7 份硼酸和 3 份硼酸钠。最终，从 1962 年 7 月开始，船体用 15% 的 PEG 4000 水溶液和 6% 的硼酸 / 硼酸钠溶液作为杀菌剂进行喷淋。

　　开始的时候采用手工喷淋，由一个六人组的队伍每天喷淋两次（图 48）——这不仅效率非常低下，人工费用也很高昂，而且期间还有很长时间，特别是整个周末，无法进行喷淋。1965 年 3 月，安装了一个自动喷淋系统，在压缩空气的作用下，通过 500 个喷嘴分散 PEG，使之可以直达船体所有表面（图 49）。结果表明，PEG 填充速率几乎立即提升，操作费用也大幅降低至大约每周 8000 SEK[10]。此时喷淋可以在晚上连续操作，白天间歇操作，这就留出了时间可以开展重建工作，

图 48　向船上手动喷淋 PEG 溶液

⑩　瑞典克朗，目前 1SEK 约合 0.67 元人民币（译注）。

观众也可以进入保护设
施参观这艘船。自动喷
淋的另一个好处是喷淋
时间的规律性可以保证
更稳定的相对湿度，能
够在船的周围维持大约
80%~85% 的湿度，这
样就不需要额外增加湿
度。然而，使用自动喷
淋系统有一个出乎意料
的现象 —— PEG 4000
堵塞了喷嘴和接头。此
时，也恰好得到了进
一步的研究结果。新的
研究结果表明，低分
子量的 PEG 1500 可以
比 PEG 4000 更好地渗
透到木材当中。因此在
1965 年 3 月，喷淋溶
液换成了 10% 的 PEG
1500，这两个问题都得
以解决。

图 49　1965 年安装的自动喷淋系统

　　关于不同分子量 PEG 的实验继续开展。1971 年 3 月，PEG 600 被加入到已
有的喷淋溶液中。因为研究表明这种低分子量的 PEG 可以进入木材，并且可以
和木材的细胞壁直接键合，从而提高尺寸稳定性。然而 PEG 600 在室温下几乎是
液体，在相对湿度 60% 的情况下，可以吸收 15% 的水分，而 PEG 1500 在同样
湿度下仅吸收 2%~3% 的水分。加入 PEG 600 将导致木材表面变得非常易于吸水，
对于湿度的变化很敏感，因此当喷淋结束的时候，在表面使用了一层 PEG 4000
作为表面涂层，形成一层较硬的保护层，以阻隔湿分。

　　为了评估保护效果，从船体的代表性构件，例如甲板板、肋板、内层板上定
期取样，每次取得的木芯样品数量在 60~100 之间。直径 4mm 的样芯被分割并进

行含水率、铁、PEG 和硼酸盐浓度分析，每组样品可以得到 1500 个分析结果。分析的目的是跟踪 PEG 的渗透深度，据此计算干燥的速率。在处理结束的时候，提取了超过 700 个木芯样品，完成了超过 1 万例分析。

何时停止处理？

在那些年里，PEG 溶液的浓度以 5% 的增量逐渐增加，直至最终浓度达到 45%。然而由于样芯分析结果具有不确定性，以及 PEG 溶液在浓度达到 43% 以上变得非常黏稠、难以喷淋等事实，保护委员会就何时停止喷淋这一问题产生了分歧。20 世纪 70 年代早期，也就是喷淋进行大约十年以后，喷淋溶液的浓度达到 25%。博物馆的馆长认为处理花了太长时间，因此委员会的一些成员建议快速提高浓度，以缩短处理时间。作为反方，巴克曼担心表面 PEG 浓度太高，会使木材内部的水析出（被称为反渗透现象），导致收缩和内部的变形。委员会辩称，他们认为 PEG 在内部木料中的浓度看上去并没有增加，继续喷淋将徒劳无益。

在辩论持续进行的同时，还采取了一些办法为干燥阶段做准备。在 1972 年安装了一台空调设备，并且在船体的底部切开了 24 个孔，使得通风管道可以穿过。在那一年的年底，喷淋的频次降低，PEG 浓度再次升高，起初在 1973 年 1 月达到 30%，到 10 月达到了 35%。1974 年年初，喷淋的频次继续降低，从每天 11 小时降至每天 6 小时。

一个突发事件进一步影响了已经很令人神经紧张的保护状况。1973 年的中东石油危机导致石油价格突然飙升，从而影响了石油的副产品—— PEG 的价格。根据 1974 年 3 月保护委员会的会议记录，当时将面临保护成本提高 60% 的境况。时任博物馆馆长佩尔·伦德斯特伦（Per Lundström）非常急切地想要结束瓦萨号的喷淋处理。特别是由于瑞典政府的补贴少于预期，而且当时博物馆的收入大约是每年 200 万 SEK，勉强够支付人员工资。而作为对立方，巴克曼坚持认为喷淋应当继续进行，如果降低喷淋频率，不会有其他结果，只能导致木料收缩的增加。这一时期，档案里面的通信和报告充斥着双方的怒火。最后，博物馆馆长在保护委员会的支持下，否决了巴克曼的意见，认为存在一定程度的收缩是不可避免的，继续喷淋只会产生边际效应。这些观点的分歧最终导致巴克曼在 1978 年辞职，然后比吉塔·霍福什受邀成为保护部的负责人。

表面处理和干燥阶段

1979 年 1 月，自动喷淋系统永久关闭，之后被逐步拆除了。在随后的九年半时间里，相对湿度逐渐从 90% 降低到 60%，以使得船体在可控的条件下干燥。在这段时间内，采用手工喷淋在表面施加了一层 PEG 4000（浓度大约 45%），干燥后用热风机熔融，使之渗入表面（图 50）。经过 20 个处理过程，累积形成较厚的蜡层，使得一些细

图 50 用热风喷枪熔融涂饰的 PEG，使之进入木材的外表面

节，例如颜料和工具痕变得模糊了，船体看上去又黑又亮，导致一些观众提出疑问，这是否是一件复制品，而不是真正的器物。通过在 PEG 中加入二氧化硅，开展了降低光泽的试验，试验形成的砂质表面无法令人满意，也没有再继续进行下去。当干燥开始后，有担心认为最下层甲板和厚的木料会干燥得太快，在木材中形成开裂和龟裂（干燥过程中收缩导致的裂缝）。为降低干燥速率，在 1980 年 2 月和 1982 年 8 月期间，进一步用 40% 的 PEG 600 喷到木材上，再用塑料薄膜覆盖。当时认为这些表面后期会用一层 PEG 4000 作为防护层，但是这项工作从未开展，导致这一区域的木材触碰起来有点潮湿，容易破坏，对水分的迁移也更敏感。

假使巴克曼继续留任到干燥阶段，他的耐心也将经受巨大的考验。瓦萨船坞（Wasavarvet）的临时建筑，在设计之初，预估要进行十年的喷淋处理，而当需要可控干燥的环境时，当初的设计已经远远偏离了理想条件。当喷淋关闭后，由于屋顶不够密闭，任何强风都会显著影响建筑内的空气流动。此外，在夏季，金属屋顶吸热会导致建筑内的温度超过 30℃，而在冬季又会下降到 5℃ 左右。温度也

不可避免地对相对湿度产生巨大影响，导致船体的干燥模式不均匀。与肘板和横梁等更坚实的构件相比，船体外部更薄或者更暴露的部分，例如甲板板，比内部干燥得更快。船的左舷位于南侧，是建筑里暴露更多的一面，所以比右舷干燥得更快。空气循环很差，不仅仅由于屋顶漏风，也由于通风管道没有保持洁净——而且没有空气除湿设备，因此冬季在天花板上会形成冷凝水，然后滴到船上。为阻止这一现象，必须安装可移动的加热器，以提高建筑内的露点；并施用额外的 PEG，去影响船体的一些区域。虽然考虑过翻新建筑，但是因为太昂贵，也没有实施，特别是因为当时已经开始筹建一座新的、永久性博物馆。尽管存在这些挑战，干燥一直持续到 1988 年。到那个时候，在这座建筑中相对湿度已经降到 60%，木材的平均含水率达到了理想的目标，大约是 12%。

干燥过程中的监测

在保护程序的最初阶段，就提出了如何监测干燥过程的问题，大家一致赞同木材的含水率是需要跟踪的、最为合理的参数。在 PEG 喷淋的早期，确定 PEG 在样芯中填充程度的方法，也可以得出木材中含水率的结果。然而在干燥阶段，没必要提取那么多样芯，而需要开展非破坏性方法的研究。虽然尝试使用了各种电子设施，但是根据霍福什的试验结果，没有哪种方法能被证明像样芯方法一样足够准确。关于采用电子方法测定 PEG 处理后木材的含水率，其问题之一是测得的结果受到 PEG 的影响，PEG 在木材中的含量随着浓度、深度、初始木材的降解程度而变化；木材中铁的含量也发生变化；此外，是否经过表面处理也会对结果产生影响。因此绝对含水率的读数意义不大，但是在同一个点位进行测量，一段时间以后可以看到趋势，表明何时能够达到稳定状态。有几年，一个被称为水娃（Aqua-boy）的装置被用于测量船体上 54 个位置的含水率。但是由于上述原因，保护委员会认为这些结果是不可靠的。

重量随时间的变化是另外一个可能监测的参数。粗略研究了利用漂浮的浮船去追踪质量变化的思路，最后确定，称量从船上取得的单体木料应当是更实际、更准确的评估方法。1976 年 1 月，两块橡木和两块松木木板，均采用与船体同样的方式用 PEG 4000 处理过，放在底层甲板并遮盖起来，防止再被 PEG 淋到。通过样芯方法估算每一块木料的初始含水率，然后船板就在原位称量，每周一次，监测其随时间的干燥过程。这一简单方法成功地消除了铁和 PEG 的负面影响，也避免了从木材内部同一点位读取含水率的需求。定期称量同一块船板的测量工作至今仍然在进行，其结果对于船体木料如何响应室内环境的变化，提供了非常有用的指示。

准确地测量收缩和变形也是一项挑战。最开始在船上安装了弹簧应变计，但是后来证明应变计对建筑内的高相对湿度太敏感。1965 年，安装了另外一个监测体系，这个系统由很多对不锈钢针组成，这些钢针刺入木材中 30mm，每两根针之间间隔 12cm~15cm，每个月用游标卡尺测量钢针之间的距离。开始有 12 个测量点位，到 1975 年增加到 67 个，但是在过去的这些年里，钢针的数量变化非常大，因为有一些变得无法接近，或者在船体上层部分重建的时候被移除了。从这些读数中，可以计算整个船体的平均收缩率在 6%~8% 之间，与一般木材木纹弦向和径向方向的收缩相一致。转移到新博物馆之后，开始进一步的干燥。现在，一些甲板板之间的缝隙最宽达 2cm，外板的收缩导致了一些舱料脱落。2000 年，很多测量点位都被数字千分尺永久取代，现在仍在每隔一个月对 40 个点位进行记录。这一方法并非没有缺陷，有一些关于测量对象到底是什么的讨论：有人质疑所测量的到底是沿着木纹产生的真实收缩或扭曲，还是木料的瓦形弯。在干燥过程的早期阶段，从 1979 年开始，一组博物馆的工作人员定期检查船体，测量裂缝的形成。但是到 1982 年，认为这种方式不能有效利用资源，调查就没有再继续。因为导致开裂的深层原因从来没有被研究过，所以在考虑干燥总体过程是如何进行的情况下，实际测量的重要性就降低了。木材有可能由于收缩产生开裂，也有可能由于不均匀的载荷或者扭曲产生开裂；如果木料膨胀，但被固定在一个位置，无法移动，也会产生开裂，而且船板的瓦形弯和扭曲会导致测量变得更为复杂。

回顾过往

总的来说，瓦萨号的船板用 PEG 喷淋了差不多 17 年（1962~1979），之后又用了差不多 10 年时间进行缓慢的干燥。在此期间，超过 240 吨 PEG（分子量 4000、1500 和 600）和差不多 15 吨的硼盐被喷到船上。由于初始的微生物降解程度非常不均匀，因此很难准确估算木材实际上到底吸收了多少 PEG。不可避免地，瓦萨号史无前例和先锋性的保护使得整个过程形成了一条成败交织的学习曲线。事后，人们很容易对船体在保护方案没有确定的情况下就被打捞出水做出批评，而今天这样的工作明确不建议开展。因此保护人员很幸运，首个经历这一保护过程的重要船体保护项目是瓦萨号项目：项目拥有倾情投入的工作人员、机构的大力支持、公众的浓厚兴趣和必要的经费资助（虽然往往经费紧张），可以使得项目不断推进，最终迈向成功。

保护人员和保护委员会之间主要的分歧是时间的长度，以及由此产生的船体保护经费问题。但是由于以前从未有过如此大规模的尝试，准确的预估是不可能的。保护人员被他们的热情所驱使，为船的保护尽其所能，而且毫无疑问承受着世人的目光。而博物馆的管理者必须平衡公众和经济因素，不可避免地导致了气氛紧张和内部的意见分歧，这在今天一些类似的项目中也不足为奇。与后来的沉船保护项目相比，瓦萨号保护时间的长度也并非毫无道理。例如德国的不来梅柯克船（Bremen Cog），一条 23m 长的商船，1962 年从一条河当中打捞出水，用了 26 年去保护和重建，这艘船在一个浸泡槽中填充，而没有采用喷淋的方式。英格兰朴茨茅斯的玛丽·罗斯号（Mary Rose），保护开始于 1982 年，喷淋在 2013 年关闭，历经大约 30 年的喷淋填充。另外一个需要考虑的因素是橡木极难填充，这一特性使它成为一种理想的造船木料，它致密的结构、良好的耐腐朽特性、由侵填体阻塞的导管阻止了水分的运输，当然也阻止了保护试剂渗入木材中。

令人啼笑皆非的是，如果瓦萨号的木材降解程度更高，有更多的孔，那么填充将会更加容易。填充也被高含量的无机化合物所阻碍，例如木材中的铁。现在我们知道 6%~8% 之间的收缩率是可以接受的。有些地方出现了大的裂缝，但是不应忘记，这艘船在沉没的时候刚刚竣工，橡木很可能是生材，很容易塑形。橡木生材出现裂缝是很自然的，不管有没有填充处理，都很可能发生，特别是当 PEG 只能穿透木材外层时。由于木材的各向异性特性以及年轮的曲度，在弦向表面形成裂缝也很自然。与成就相比，负面的影响是微不足道的。如果考虑到船体的体量、不确定的经济状况、大量的实际困难，以及毫无先例可循，保护可以说取得了令世人瞩目的成功。

参考文献 / 注释

在开篇的那一段提到的内部报告是 Clason 1958。

巴克曼的引述来自于 Barkman 1977。

20 世纪 50 年代晚期，木材保护历史的描述以及当时认知的程度，见 Brorson Christensen 1970，Rosenqvist 1959a，1959b，Strömberg 1959 和 van der Heide 1981。

有很多出版物讲述了瓦萨号保护的情况，但是最可信的是巴克曼的描述，见 Barkman 1962、1975a，1975b，1978 和 Häfors 2001，以及 Kvarning and Ohrelius

2002。

内部的讨论和争辩见没有发表的保护委员会的会议记录，特别是在 20 世纪 60 年代到 20 世纪 70 年代之间。

一份没有发表的报告，Svenska Träforskningsinstitutet Trateknik（1958），描述了瓦萨号打捞之前木材的状况（瑞典语）。

有关斯堪的纳维亚地区应用明矾保护木材的调查，见 Häggström et al.2013。

第五章

重建瓦萨号

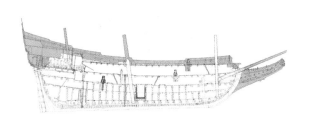

采用 PEG 填充船体的目标是稳定木质材料，另一个同等重要的目标则是要维持复杂的三维船体结构的稳定。由于在海底沉没期间以及打捞过程中，瓦萨号受到了各种类型的扭曲作用，在 1961 年，船体的形状与 1628 年建造的时候已然存在差异，因此为了达到稳定的目的，还必须对船体进行一定程度的整形。然而当时完全不清楚，船体在饱水状态下能否承受这一过程。由于没有造船图纸可以参考，要确定正确的原始形状，就需要了解 17 世纪荷兰的造船技术。今天，通过对瓦萨号船体存留部分的详细记录，以及对其他船只与荷兰造船专著的分析研究，我们对于船的缀合方式有了更好的理解。

正如第一章所描述的，虽然松木、桤木和其他树种也被用于特定区域，但是瓦萨号的主体结构主要由橡木建造（*Quercus robur* 和 *Q. pertrea*）。为了保证强度，船体采用三层板，包括船壳板、肋板和内层板的三明治方式建造，木料沿着船身的方向和与船身垂直的方向纵横排列，在两个方向上都保证了强度。这个三明治结构用成千上万根木钉固定在一起，直径大约 35mm 的木钉穿透三层板，然后在两端楔死，以防止透水，同时防止三明治结构被拉开。内部的木料由紧密排列的铁栓固定在适当的位置，并固定在船舷上，铁栓直径大约 24mm，两端用铁锤敲平。由于瓦萨号需要在炮台甲板上装载沉重的大炮，炮台甲板采用内肋板系统进一步加强，称作肋板翼板。肋板翼板位于船体底部，宽度和厚度最大可达 50cm（图 51）。

当船体结构建造到高处，又增加了横梁，横梁不仅承托甲板，也是保证船体横向强度的一个重要组件，它防止船舷被挤压到一起或被撕成两半。为了实现这一目标，横梁必须被牢牢地固定到船舷结构上。横梁与船舷之间的

图 51　船体底部巨大的横梁，被称为肋板翼板〔拍摄：安内利·卡尔松（Anneli Karlsson）〕

图 52 示意图展示了将甲板横梁连接到船舷的复杂结构〔绘图：弗雷德·霍克（Fred Hocker）〕

固定通过木料、铁栓和增强木料之间的力学连接的组合来实现，这些连接可以同时抵抗推力和拉力。一旦所有的横梁就位，就会在上面铺设一根结实的纵向木料，也就是舷侧排水沟。这根木料与每一根横梁嵌接，使之可以抵抗令横梁向前或向后弯曲的力，而且用螺栓从侧面穿过舷侧排水沟将其连接到船舷上，防止横梁被从嵌接的槽口拔出（图 52）。同时舷侧排水沟也增加了船舷的刚性，阻止船舷向内或者是向外弯曲，也有助于防止船体作为一个整体在端头下陷（拱曲），或者是中间下陷（凹陷）。

　　船的两端也用结实的木料进行了增强。在船头，底板上的肋板翼板沿船体的内部向上延伸，与两侧船舷相连接。在这个位置，这些肋板翼板通常被称为船艏肘板。在船艉，船舷和艉封板之间的连接，通过两侧一连串的五块巨大的艉肘板加固（图 53）。炮台甲板和上甲板的甲板横梁中部，也用类似于舷侧排水沟的、巨大的

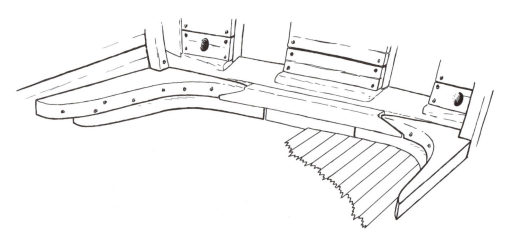

图 53 船艉的艉肘板〔绘图：© 卡林·加韦林（Karin Gafvelin）〕

纵向木料加固，并嵌接进横梁中，再用螺栓固定。横梁之间的空间用短的纵向木料固定，称为纵梁，纵梁嵌接进横梁前面和后面的槽口。在炮台甲板，使用纵梁辅助支撑副梁，也就是主梁之间较小的半梁，用于承担船上大炮沉重的载荷。炮台甲板的甲板板是橡木，其他甲板板是松木，通过钉子固定在横梁上。在底舱和下层甲板，在横梁中线的位置用柱子支撑，厚的方形木料分担了部分甲板的载荷，并维持横梁之间的距离。由于会妨碍射击操作，上甲板没有使用这类木料。

变形

在水下的几个世纪里，瓦萨号承受了各种各样的作用力：将船固定在一起的各种紧固件逐渐解体；由于躺倒在海底受到了不均匀的应力；上部建筑被破坏；甲板上增加了额外重量；最后在1956~1961年期间，打捞操作中也施加了应力。虽然几乎所有的铁钉和螺栓在水下都非常迅速地腐蚀殆尽，但大部分大木钉仍旧保持完整，因此，内部的增强结构无法再紧紧地与由船壳板、肋板和内板形成的基本船体结构相连接。艏柱和艉柱，除了下端，也不再与船的其他部分相连。幸运的是，在船艉处，最低的三列船壳板穿过艉柱的下端，仍由大木钉固定在原位。因此即使艉柱上其他的紧固件都腐蚀殆尽，艉柱的底端仍能够紧紧地与船体相连接。

瓦萨号被埋在淤泥之下，一直到吃水线的位置，因此理论上船体应当受到非常均匀的支撑，但是，在左舷靠近船头部位的下方，有一段露出地面的基岩，而且看上去，这段基岩把这一区域的船底向上顶托了。此外，为了提高稳定性，在船舱中放了120吨压舱石，这些压舱石在船沉没的过程中发生了移动，因此几乎所有的压舱石都堆在左舷的艉部，而不是均匀地分布在整个船舱的底部（图54）。船

图54 底舱一堆移动的压舱石，顶开了上面的甲板板

体上部的建筑，在 1628~1629 年期间的打捞尝试中被部分破坏了；在 1663~1665 年之间，当冯·特雷列本（von Treileben）和佩克尔（Peckell）打捞大炮的时候，破坏得更为严重。当时沿着上甲板剥离了船壳板，并且破坏了一部分甲板横梁。这次行动还移除了一些纵向的船体力学支撑，并且从甲板上移除了铜炮，减轻了超过 60 吨的载荷。暴露在斯德哥尔摩海港的水流中，瓦萨号起到了沉陷沉积物的作用，导致数百吨淤泥沉积在甲板上。在 19 世纪末和 20 世纪，爆破的碎石被倾倒在船上，增加了更多的重量。这些都对船舷施加了巨大的力。因为肋板翼板系统无法再牢固连接，而且船舷相对于龙骨被向下推了，与肋板翼板之间的原始关系也发生了改变。最后打捞过程也施加了应力。虽然在船提升的过程中，小心翼翼地维持所有吊索上的载荷尽可能均匀，但是当时仍然可以看到，船在吊索中不断向左舷侧倾，而且船头也比预计的要重。这就在吊索上施加了不均匀的载荷，需要频繁地调整吊索的位置。

当船体脱离了水面，并且被固定在浮船上，这些应力的结果表现为四种主要类型的变形：

▶ **拱曲**：船体的两端相对于中部下落了，船头的变形最为剧烈。假使龙骨是直的，当时龙骨的前端比它所应在的位置低了 30cm（实际上现在我们怀疑建造的时候，龙骨是有一点向上翘的弓形，因此变形可能更严重）。这也会将艏柱和艉柱的上端相对于船壳板向外推。由于艉柱与龙骨的连接更为刚性，这一现象在艉柱部位尤其明显，在艉柱的顶部出现了 15cm 的缝隙。

▶ **船舷相对于龙骨的凹陷**：这种变形某种程度上也是纵向拱曲的结果。由于船体的主要结构——船壳板、肋板和内板仍旧完整，但是与整个内部结构不再相连，这种情况下，船壳更具柔性，因此，船体两端向下的运动导致船舷和两端的上部被向内拉，而船舷的中部被向下拉。由于甲板的载荷通过甲板横梁被直接转移到船舷上，甲板上堆积的沉积物所增加的重量促进了船舷的凹陷。这些现象在左舷更显著，可能是由于压舱石在沉没过程中移动到了左舷的艉部，对船底产生了不对称的载荷。沿着船中心的凹陷也很明显，那里垂直放置的构件仍在原位，但是水平放置的构件，例如甲板板和横梁，都受到了重力的影响。下层炮台甲板锚链桩周围的区域，就是一个非常鲜明的例子：1962 年的照片和绘图表明，周围的甲板横梁下沉了大约 120mm，而甲板板的钉子已经完全腐蚀了，使得甲板板看起来向上突起（图 55）。

▶ **扭曲**：通过对船体的详细记录，已经明确，瓦萨号建造得非常不对称，

图 55　锚链桩周围甲板的破坏

船体存在纵向的扭曲；而且，倾倒在左舷船头和右舷船艉的碎石所带来的载荷使得船体上不均匀的应力变得更为显著，导致了更严重的扭曲。在起吊的时候，船体在吊索的作用下趋向于向左侧倾斜，可能也加剧了这一问题。

▶ **局部的变形**：船体某些区域和局部结构载重特别大，导致了一些结构的突出或者隆起。如左舷船底靠近船头的一个区域被向上挤压，有可能是这部分船体下面露出地面的岩层，以及移动的压舱石共同作用的结果。这部分向上的隆起，与一片区域 23 根肋板木料的折断有关（这个部分在 2010 年记录肋板结构的时候才被揭示出来）。另外一个区域，在船头的锚链桩周围，船舷被向下挤压，但是缆柱插入船的底部，与横梁紧紧地固定在一起，因而长长的缆柱将甲板的中心托起。这导致甲板向上突起，以及横梁的弯曲，船头在这个位置的拱曲也加剧了这一问题。

木材的状况对变形也有所贡献。普遍而言，考古遗址上的硬木，特别是橡木，在压力下会变形，而软木则趋向于断裂。在瓦萨号的案例中，外部 15mm~20mm 的木材已经损失了很多纤维素组分，因此处于饱水状态，像海绵一样，很容易遭到破坏。虽然在提升过程中非常小心，在缆索下增加了衬垫，以使之不破坏船体，但是在 1961 年 4 月最后起吊之前，潜水员报告缆索已经切入龙骨大约 10mm，对艉柱与船壳板结合部的槽口造成了一定破坏。虽然总体上来说提升的破坏较小，但在提升之后不久，拍摄的照片还是显示了缆索留在船舷上的印记（图56）。表面木材的软化和损失，也削弱了物理连接在维持整个结构刚性过程中的作用。

图 56　起吊的缆索在木材上留下的印痕

记录船体

尽管存在一些实际困难，为了理解船体的原始形状，仍然开展了详细的记录。瓦萨船坞（Wasavarvet）里面空间狭小，还有很多支撑木料，阻碍了通向船体结构的通道。而且由于船坐落在一个漂浮的浮船上，没有保持水平，标准的测量工具，例如铅锤和水平尺实际上无法使用。最后，船舶工程师埃里克·霍夫曼（Erich Hoffmann）和海洋绘图员埃娃-玛丽·斯托尔特（Eva-Marie Stolt）开发了一个记录系统，用一些小的黄铜钉，把带编号的标签钉入船体，另外架设了六根不锈钢缆索，牢牢地固定到浮船和周围的建筑上作为参考线，然后测量黄铜钉和参考线之间的距离。到1964年，完成了

图 57　埃娃-玛丽·斯托尔特（Eva-Marie Stolt）校勘 20 世纪 60 年代船体记录的结果

一组图纸，揭示了船体的变形，并为船的原始形状提供了线索（图 57）。将近期船体的三维数字记录和原来的测绘结果相比较，可知此次测绘的精确度在 3mm 之内。

支撑托架

在项目开始阶段，就计划安装一个定制的支撑托架，以承担船体的重量。虽然在 1962 年 3 月，就提出了初始设计，但还是花费了几年时间进行记录，以确认船的总体形状。由于设计必须考虑到临时博物馆内船体周围空间狭窄的问题，托架的组件在制造时尺寸都较小，然后由马尔默（Malmö）的科库姆机械公司（Kockum´s Mekaniska VerkstadAB）现场组装，共花费了 15 万 SEK。1964 年 9 月 ~11 月之间，在一个 PEG 喷淋的间歇期，将托架安装到了船下（图 58）。

图 58　1964 年秋季安装支撑托架

竣工的托架有 8 组横向的钢制单元，在两侧船舷按 5m 的间隔排列。每一个单元有一对支柱，支柱固定在浮船的顶部，通过纵向的梁相互连接。支柱设计得比船舷高很多，目的是当瓦萨号需要被浮起，运送到最终展示地点时，可以承受 10° 的倾斜。重达 19 吨，长 45m 的托架，大体上与船体的轮廓相吻合，但是没

图 59　插入木楔填补支撑托架和船体之间的缝隙

有直接与船体接触，托架和船体之间的缝隙楔入了木楔填充。木楔可以校正，以保证均匀的接触，并允许船体结构随时间推移产生收缩和移动（图 59）。然而在一些位置，对于木楔来说缝隙太大，因此插入了一些木材边角料去弥合空隙；虽然当时这可能被视为一种临时手段，但最终这些木材的边角料在那里放置了几年。与木楔不同，这些边角料无法被校正，有可能导致船体的持续变形。

整形和船体的重新栓固

打捞时，为了便于提升，通过原始的栓孔临时插入直径 19mm 的螺栓，把船固定在一起；打捞之后，这些螺栓逐渐被直径稍大一些的新螺栓所取代。起初，替换螺栓的工作集中在底舱和下层甲板，但是随着托架就位，由佩尔·埃德温·费尔丁（Per Edvin Fälting）领衔的团队可以在船舷上部继续开展这项工作。替换螺栓必须与 PEG 喷淋同时开展，1964 年，费尔丁报告，在这一过程中，早期安装的铁栓已经显现了腐蚀的迹象，而且很难去除。根据巴克曼的说法，只要在喷淋条件下暴露一年，一些螺栓就会腐蚀得直径不足原来的三分之一。已知 PEG 对金属有腐蚀性，而随后也观察到自动喷淋系统的金属组件发生了腐蚀。螺栓腐蚀的问题清楚表明，需要寻找更合适的材料——强度足够，可以把船舷固定在一

起，而且还能更好地抵御由
于 PEG 喷淋所导致的高湿和
腐蚀的环境。

螺栓测试

经过多次讨论，可用材料
的选择范围缩小到不锈钢、青
铜和电镀（镀锌）碳钢。同时
也决定测试在电镀钢材的表面
涂刷环氧涂层，环氧对于稀酸
和碱耐受性特别好，被开发出
来用于涂刷化工厂里的水槽和
蓄水池。计划在船体上插入一
些测试螺栓，并定期取样，研

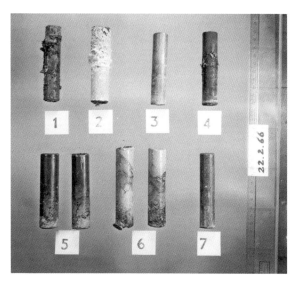

图 60　测试的螺栓样品暴露在不同化学试剂之后

究材料腐蚀状况随时间的变化。同时在实验室测试螺栓材料的样品，考察它们对
于保护中所使用的化学品（五氯酚钠、硼酸、硼砂和 PEG 1500）的耐受性。令人
关注的是，螺栓的样品也被暴露在来自于埋藏地点、pH 值 5.1 的污泥下面，以及
pH 值 2.5 的柠檬酸中，以代表当时瓦萨号木材中所测量到的最低 pH 值。螺栓样
品的下半部分没入每种化学品中，上半部分则暴露在空气中（图 60）。

1963 年 10 月和 12 月之间，测试的螺栓被插入船体。第一批在 28 个月之后
被移除，与化学实验中的样品一起研究。对每根螺栓都进行了拍照，并分析腐蚀
产物。结果表明，大约两年多之后，不锈钢和青铜样品没有产生腐蚀，镀锌的和
环氧处理过的碳钢产生少量的腐蚀。虽然实验没有完成，但工作再也不能裹足不
前了，因此决定采用环氧涂覆的镀锌钢，主要原因还是经费问题，这种材料的价
格只有不锈钢的一半。不锈钢和青铜螺栓的剩余库存被用于一些隐蔽的、或是难
以到达的区域。另外两次，分别在 1973 年 12 月和 1982 年 10 月，测试的螺栓被
从船体上取出并进行分析。最后一次的结果非常明显，暴露在 PEG 喷淋以及高
湿度的严酷环境下将近 20 年，已经对碳钢螺栓造成了损害，其中很多已经损失
了环氧涂层，以及高达 70% 的镀锌层。

螺栓的设计

17 世纪的原始螺栓是锻铁制造的，直径大约 25mm。这些螺栓更类似于铆钉，
它们被从外部钉入到木料中，将扣环扣在内部的端头，然后再用锤子敲击，固定

螺栓。虽然瓦萨号在港口底部沉没这么久之后，只有少量的原始螺栓保存了下来，但据萨姆·斯文松（Sam Svensson）讲，仍保留了足够的证据，能够辨认出至少三十六种不同形式的螺栓头，这些螺栓头以印痕的形式被保存在木材中，螺栓头的尺寸不完全一致，船下部的为 64mm，上部结构中稍小，为 57mm。虽然这些差异有可能源自不同铁匠的风格和喜好，但这些变化也具有一定功能性：如果螺栓需要被其他木料覆盖，或者是需要在吃水线以下形成良好的密封，就会选择平头以及螺杆略微呈圆锥形的螺栓，而吃水线以上的螺栓，则使用更呈圆锥形的端头。20世纪60年代更换的螺栓直径为22mm，头部是半球形的，内部端头有丝扣，可以垫上垫圈，再拧上现在常用的螺帽。为了模拟原始状态，使用了五种不同形状的端头。

替换螺栓的工作需要木工按部就班地沿着船周围进行，利用托架木楔和十五个液压千斤顶小心地支撑船体去校正螺栓孔，船体逐渐被校正到所推测的原始形状。只要有可能，螺栓就会被插入到清理掉淤泥和铁锈的原始栓孔中（图61）。最后，插入了超过5000根螺栓，长度从70cm到230cm不等，将船舷固定在一起，并且把甲板和加强组件连接到船体的基本结构上。如果发现了残

图 61　技术人员斯文·埃马努埃尔松（Sven Emanuelsson）正向船体内插入一根螺栓

余的原始螺栓，就会从内部起下来，与其他金属文物一起保护。但是至少有四根原始的螺栓仍留在锚链桩上，而且有可能发现更多。

船体矫形的结果

1966 年报送给修复委员会（Restoration Council）（与保护委员会互为补充）的报告提到，由于龙骨已经被向下挤压进了龙骨墩里，有必要将龙骨的前端提升大约17cm，使之达到推测的原始位置。此外，在锚链桩周围，必须插入木楔以使下层炮台甲板抬升大约20cm。通过小心地抬升龙骨的尾端使之回到正确位置，

消除了船艉和船壳板后端之间的大裂缝。沿着艉柱的船壳板，槽口位置的嵌接不够紧密，留下了大约 4cm 的缝隙，采用了千斤顶和拉杆使之闭合，仅仅留下了舱缝的缝隙。

1969 年，船体已经被恢复到推测的原始形状，但所作出的一些决定明显导致了新的破坏。最显著的一个是艉柱明显弯曲，最终导致其出现了一条大裂缝。帮助记录船体的造船工程师埃里克·霍夫曼（Erich Hoffmann）相信，其原因是船体的中间部位没有回复到原始形状，艉部应当更高一些，以迫使船艉的结构更向外，与艉柱的角度相吻合。这样的校正需要拉拽艉柱，并重新栓固，而不是校正船壳去配合艉柱。霍夫曼强烈建议，要在 1969 年艉楼上部重建开始之前矫正这些变形，但是这项工作一直没有开展。

重建

整形和重新栓固之后，建造船体上部的工作就可以开始了。大量结构性木料和装饰的局部仍遗留在港口的底部，包括艉楼和喙形船艏的主要部分。因此在 1963~1967 年之间，潜水活动主要集中在搜寻这些材料。找回的木料和保湿储存的木料被统一归类并编目，而在 1963 年之前，这些木料都按照发现时的顺序被放在存储槽中，而不是依据类别放置。后来决定要在 PEG 的浸泡槽中部分保护这些结构性的组件，然后把它们放回船体上原来的位置，与船体的其余部分一起继续保护。有一些木料太长了，不能放在浸泡槽中处理，因此被放在了船体的下部，木料从而逐渐被喷淋到船体上的 PEG 溶液填充。

重建的策略是首先安装结构性的、承重的组件，然后是固定的装置，例如舱口的围板和舱壁，最后再添加雕刻的装饰以及松脱的内饰。由于瓦萨号是按照荷兰造船的方式建造的，因此研究了有关荷兰航海的绘画，以辅助确定船的雕刻体系以及各种组件的位置。对每一根木料都进行了拍照，并记录了它们的整体尺寸和形状，以及其他特征，例如断裂的边缘，木钉、铁钉和螺栓的位置等等。由于 PEG 的处理容易使表面细节和钉孔变得模糊不清，这些都要在保护之前进行。详细的检查也揭示很多雕刻上有颜料的痕迹。尤其是雕刻的构图，虽然在重建的最初阶段，可以在绘图板上完成，但最后只有通过用金属丝刺探钉孔，并尝试将碎片拼对在正确的位置上来保证每个构件的归位。在很多情况下，雕刻背面的轮廓都是独一无二的，以配合船体的特定区域。木工、考古学家和历史学家们勠力同心，逐渐重现了装饰的构图，并且重新安装了大约 3000 件结构性木料和 700 件雕刻。

图 62　用拉力螺钉固定甲板板

大多数情况下，没有使用原来的铁钉，而是使用了不锈钢拉力螺钉来安装这些组件，以便将来可以移除（图 62）。保护委员会对使用聚乙烯或者聚丙烯钉子固定甲板板的想法抱有短暂的热情，因为这些材料被认为是惰性的。但测试表明，这些材料容许的位移太大，所能承受的载荷仅为不锈钢螺丝的四分之一，这些建议很快就被放弃了。虽然由于结构变形，偶尔会需要钻取新的孔洞，但尽最大努力去使用已有的螺栓和钉子的孔洞。这项工作必须在短暂的喷淋间歇期，在潮湿和滑溜溜的状况下开展。

1964 年秋季，注意力集中在船艉的重建上。关键的竖向尺寸由差不多 5m 长的右舷角柱确定，角柱是一根结构性木料，把上部的艉封板连接到船舷上；一组巨大弓形雕刻的发现，也有助于确定船艉顶端的宽度。然后就可以确定国家纹章——由 22 个独立部分组成的符号——的位置（图 63）。

图 63　汉斯·索普（Hans Soop）在约翰·布洛曼（John Blomman）的协助下拼对纹章

工作很快就提前完成了，这令人们非常乐观，认为能够在 1969 年的最后期限之前完成重建。但是在 1965 年的夏季，发现船艉上部的一根横梁缺失了，因此，当潜水员继续在遗址上寻找横梁的时候，工作转移到重建喙形船艏区域。

船如此之大！

在潜水工作进行的时候，考古人员就惊诧于从遗址上回收材料的数量，而当将这些木料重组在船上的时候，一个事实很快就凸显出来，重建完成的喙形船艏将会伸出当时建筑的墙体以外 5m。同样的问题也出现在船艉，船艉将向上挺起，超过当时的屋顶和墙壁（图64）。这是一个巨大的麻烦——不单单是船体的重建要被中断，而且其他所有建筑改造的工

图 64　真是庞然大物！当建筑扩建时暂停了重建船艉的工作

作，都必须在船体保持在原位的情况下进行，不能够中断 PEG 的喷淋，或者影响船体周围的湿度。而且还存在另外一个担心，就是扩建的建筑所增加的额外重量，可能对于漂浮的浮船来说太重了。最后，在船艉上部放置了一个临时屋顶，在开展扩建工作的同时保护船，并保持湿度，其中一个至关重要的阶段是切下并用起重机移除两根原来的水泥屋顶支柱。通过在周围区域进一步清淤，又安装了两艘浮船，总共提供了 400 吨额外的浮力。最终项目延迟了两年，必要的扩建工作花费了 150 万 SEK，是由市政府拨付的紧急资金。

在此期间，船上的工作并没有完全停下来。1966 年，插入了支撑露天甲板的横梁。在 17 世纪 60 年代移除大炮的时候，这些横梁中的大部分都被从原始的位置上撕开，并且放在船内。有一些横梁断裂了或者是开裂，需要在上表面插入钢

板进行内部增强，当露天甲板的甲板板被重新铺设之后，这些钢板就看不到了。除此以外，用铁条对已经断裂或开裂的、重要的承重木料进行加固，作为额外的支撑。船舷两边的栏杆和 16 个圆的舷孔盖也在此期间被重建。1967 年，开始重建船艉两侧的廊台时，意外发现瓦萨号有两套船艉廊台，而且顶上都有圆顶。

工作重新开始

到 1969 年 1 月，随着建筑扩建的完成，可以在船艉继续开展工作。大家意识到，为了完成重建工作，需要额外的加固去支撑所增加木料的重量。这一点非常必要，不仅因为船艉结构悬吊在艉封板——绝大部分木料的末端之外，而且艉封板曾经形成的力学连接，有的腐蚀得太严重，无法形成有效的匹配，有的在准备起吊的过程中被切除了。由于要避免使用外部支撑，唯一的选择就是拆解很多早期完成的工作，从上层的艉封板插入两根不锈钢的 U 形副梁，一根在主舱的船艉廊台，另外一根在上面的小舱，由垂直的支柱相互连接（图 65）。因此，一些原有的船板被重新切割，以覆盖钢梁。随后建造了艉楼，使之达到完整高度。重新放置了雕刻的装饰带和纹章。令人奇怪的是，左舷艉封板的角柱一直都没有找到。但它是一根结构性木料，缺少它船艉就无法重建，因此用一根松木复制了这根角柱，并按照瓦萨号其他雕刻的形制进行了雕刻，安装在原有角柱的位置（图 66）。

在 20 世纪 70 年代早期，瓦萨号重达 3 吨的舵，在瑞典古物委员会用 PEG 进行了保护，并用平底船运输到瓦萨船坞（Wasavarvet）。舵枢除最下边的铁带以

图 65　1971 年 1 月钢质的 U 形梁被安装到船艉〔拍摄：比约恩·赫丁（Björn Hedin）〕

图 66　木工耶奥里·卡普里亚（Georg Kaplja）正在雕刻左舷艉封板的一根新角柱

外，其余铁带全都腐蚀殆尽，因此安装了用锻铁打造的新铁带，之后将舵重新安装到船上。舵的大部分重量落在龙骨墩上，而不是悬挂在船的外边。在项目开始的时候，被费尔丁（Fälting）切下的舵柄部分，这一次也被重新插入。

同时，喙形船艏重建揭示的证据表明，船上有两个厕所，是开口朝向水面的方形盒子，船员可以从上层炮台甲板穿过两个拱形门到达。重建后的喙形船艏最终高出船头差不多 9m，偏向左舷，偏离了中线大约 60cm~70cm，这是原始建造的一个奇怪之处。有担心认为重达半吨的狮子船艏饰像（文物编号 732）有可能会太重，无法放在喙形船艏末端的位置，因此最开始，在这里放置了一个环氧树脂复制品。原始的船艏饰像直到 1983 年才被重新安放，那时插入了一根钢质的辅助梁以提供支撑，然后通过天花板上的钢缆使喙形船艏得到支撑，在此之前喙形船艏一直都没有像原始状态那样被很好地连接到船上。

虽然在瓦萨号被打捞之后，用了五个发掘季对沉没地点的港口底部进行仔细的搜寻，并且在遗址周围挖了探沟，但大量重要的结构性构件一直都没有找到，包括左舷艉封板的角柱、左舷的船艏锚架（提升锚的起重架）、左舷船艏巨大的武士雕像以及喙形船艏纵向的中心木料。看起来它们不可能仍遗留在海底，而是有可能在冯·特雷列本（von Treileben）和佩克尔（Peckell）17 世纪 60 年代卖掉的 30 货车木材中，或者在 19 世纪末期的潜水活动中被移除了。新的木料仅限用于重建艉楼的上层、上层舷墙的搭接船板以及露天甲板的甲板板。在 17 世纪 60 年代打捞大炮期间，它们中的大部分都被剥除了。更换了刚好一半的防浪板，并在必要位置安装了新的雕像，以保证视觉平衡，并辅助阐释这条船。制造了一些新的铁质连接件，安装在关键的区域，例如用于连接炮门盖子的铰链，舵销和舵枢，以及炮架的一些五金件。

重建的理念

总的来说，重建的理念是仅当结构、阐释或者美学方面有必要的时候，才会替代缺失的部分。有时候，这需要一些探索性的工作。例如出于结构的原因，船体前部需要一圈围栏，把两侧船舷固定在一起，但是只找到了一根原始围栏的雕刻立柱。由于立柱之间必须要有足够的空隙，允许一名水手爬过去，以到达喙形船艏，这就决定了立柱的数量不超过六个，才能够在视觉上和实用上都合理。所有新的雕刻都按照原有的形制制作，但是使用浅色的木材，使之可与原件区分开来（图 67）。另一方面，为改善阐释或者美学方面所作的决定，更容易引起争论，

图 67　虽然仅发现了一根原始的雕刻立柱，但是有足够的证据去重建前面的围栏〔拍摄：安内利·卡尔松（Anneli Karlsson）〕

多年以来并没有遵循一致的策略。最后被安装的一些物品，是炮门盖子上的狮子面具，每一个缺失的狮面都用环氧树脂复制品替代，但是近些年，为了遵循一个能够贯穿始终的重建策略，这些复制品都被移除了。

对于已经被使用了几十年或者几个世纪的建筑，或者是历史性船舶来说，必须作出决定，要依据哪一个历史时期进行展示，与之相比，有关沉船的理念通常争论较少。而由于瓦萨号仅仅服役了大约 45 分钟，我们甚至都不需要在他的服役生涯中选择一个时间点。我们也拥有超过 98% 的、还能使用的原始结构，远远多于很多仍漂浮在水面上的、具有历史意义的船舶。基于保存的程度以及材料的状况，必须作出一些妥协，例如事实证明，不可能安装船上原始的帆和绳索。尽管有向公众开放文化遗产的趋势，但当文物的安全受到质疑时，这一点就无法实现了。在项目开始的时候，曾经雄心勃勃地计划，器物可以被放回它们最初发现的位置，观众也可以被允许到船上去参观船的内部，但是这些想法在 20 世纪 70 年代中期就被放弃了，因为上船参观需要作出显著的结构性改变，例如在船舷切开紧急通道等。回顾过往，事实证明这是一个明智的决定，因为船体无法承受每年参观博物馆的大量游客所带来的磨损。

参考文献 / 注释

　　船体结构重建的信息见 Cederlund and Hocker 2006，Cederlund and Skenback 1968，Claus 1986，Hallvards 1964，Kvarning and Ohrelius 2002，Soop 1992 和 Stolt 1994 以及保护和修复委员会的会议记录。

　　使用了 1962 年 10 月 19 日 S. Svensson 一份没有公开发表的、关于螺栓的报告。Barkman 1977 报告了在准备打捞过程中潜水员插入的螺栓的腐蚀。

第 六 章

瓦萨号器物的保护

　　1961 年之前，很多被准备打捞船体的潜水员找回的器物，以及在挖掘穿缆绳的隧道时找到的器物，是由瑞典古物委员会进行保护的。随着工作的开展以及器物数量的增长，有一点已经变得确定无疑——器物需要专属的、专门建造的、工业级别的保护实验室。在船体打捞上来之后不久，这一申请就被批准了，计划在贝克霍尔门岛（Island of Beckholmen）的东侧，靠近沉船地点的地方，建造这样一座实验室。在接下来的夏季和秋季进行施工，实验室于 1962 年 1 月投入使用。在此期间，找到的器物都被储存在水槽里，以及从斯德哥尔摩周边回收的旧浴缸里。这些器物被放在靠近古斯塔夫五世（Gustav V）干船坞，或者是附近从贝克霍尔门山（Beckholmsberget）的岩石上炸出来的山洞里，那里常年温度在 8℃ 左右，是非常优良的低温储存环境（图 68）。沉船遗址的发掘，最终收获了大约 4 万件器物，几乎所有的这些器物都在贝克霍尔门进行保护。

　　保护实验室是一栋单层的建筑，设计平面面积是 700m²，主要组成部分是一个大的、开放式的工作间，沿着纵向中轴线配备了地面排水管和顶部天车（图 69）。在这个空间，配备了两个由低碳钢涂布环氧树脂制成的处理槽、加热和过滤设备以及进行拍照等其他活动的区域。每个处理槽的尺寸是 20m × 1.65m，深 1.25m，总体积约为 80m³。几年以后，又增加了另外一个体积大约为 2.5m³ 的小型不锈钢水槽。沿着南墙是一些小型实验室，一间木工工作间以及化学实验室、办公室和档案室。

图 68　贝克霍尔门地库中储存的文物

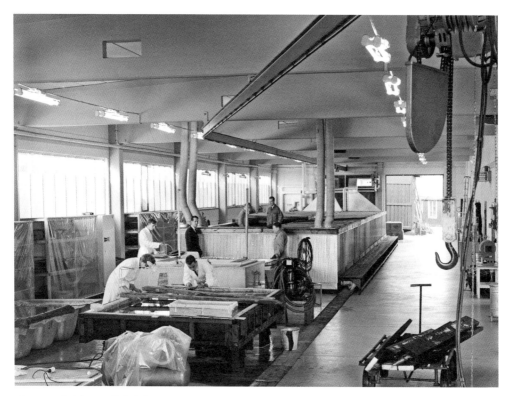

图 69　贝克霍尔门保护实验室

最多的时候，贝克霍尔门实验室同时雇用了十三名工作人员，那时候这里是世界上最大、拥有最先进保护设施的实验室。这里集中了资源和专业人员，因此从 20 世纪 80 年代到 90 年代末期，在瓦萨号的大部分材料完成保护后，实验室开始接受外部的合同委托工作。

在 20 世纪 60 年代早期，保护水下环境打捞的器物是相对新的领域，也反映了当时对于搜寻沉船兴趣的高涨。而贝克霍尔门实验室的建立，有利于开发一些技术来保护饱水材料。保护人员的工作是工业量级的，但他们在实际保护处理的同时还开展实验和小试，持续不断地夯实专业知识的基础。然而以现代的眼光来看，与目前可以接受的措施相比，20 世纪 60 年代的方式可能介入性非常强，而且那时健康和安全的管制也更宽松。例如很多在 20 世纪 60 年代常用的杀菌剂，现在已经在瑞典和世界的其他地方被禁用了。20 世纪 60 年代也经历了对于新型塑料材料的狂热，而现在保护人员对于这些合成材料的长期不稳定性和其他负面影响都有更深入的认识。因此读者应当知晓，本章所描述的部分方法，现在已经不常用了。

木质文物

就体量而言，瓦萨号上发现的最大量的材料就是木材，主要是橡木和松木，但也有其他树种，例如椴木、白蜡木、榉木、枢木，甚至还有并非瑞典本土树种的胡桃木。1961 年之前，瓦萨号器物的保护采用了多种方法，包括溶剂抽提、甘油和蓖麻油处理，以及莫伦（Morén）和森特瓦尔（Centerwall）申请专利的 PEG 填充方法，这些结果影响了在船体上使用 PEG 的决策。最终决定用 PEG 填充主要的木质文物，而且这一方法在过去的这些年里不断被测试和改良。尽管不同的批次之间有一些小的差异，通常的处理方式如下所述。

木质文物放在充满淡水的浸泡槽里，加热到 60℃，加入杀菌剂以阻止微生物生长，杀菌剂由 1%~2% 的硼酸和硼砂溶液组成（比例为 7：3）。然后加入 PEG，制备成初始浓度 5% 的溶液，PEG 浓度随时间延长逐渐提高，直至最终达到大约 40%~45%。填充要从低浓度的 PEG 开始，这点非常重要，因为浓度太高可能导致反渗透（见第四章）。很多情况下，采用 PEG 4000 填充，也有一些器物用低分子量 PEG 处理，随后再用一层 PEG 4000 作为表面涂层。每件器物都在处理前后进行称重，每一批都有一到两件器物在整个过程中定期称重，以监测填充的速率。一旦重量恒定，就认为填充过程完成。平均每批大概需要 18~24 个月，只要条件允许，尽可能将同类木材和尺寸相似的器物在同一批次处理，以优化处理的

时间。一般来说，通过维持均匀的温度、保证循环和过滤溶液，以及缓慢地提高 PEG 浓度，可以实现最佳的效果（图 70）。

填充之后器物自然干燥，在 6~12 个月内逐渐降低湿度，从 90% 降到大约 60%。这段时间内，进一步用 PEG 间歇性地喷淋，防止器物完全干燥和开裂。PEG

图 70　斯文·本特松（Sven Bengtsson）和斯图雷·布鲁斯（Sture Bruse）正在向浸泡槽中堆垛文物进行 PEG 浸泡

4000 用于结构性的和坚实的器物，有些时候将 PEG 1500 用于小型器物（图 71）。在干燥过程中，保护人员利用了停泊在保护设施旁边、56m 长的平底船曼雅号（Menja）⑪的船舱。但是高湿度和 PEG 的存在，最终导致曼雅号钢质船体内部出现了严重的腐蚀，产生了昂贵的维修费用（图 72）。在干燥的最后阶段，用热风喷枪熔化 PEG，使之渗入表面，在一些器物表面形成稍厚的一层 PEG。为了展览的需要，由斯德哥尔摩的葡萄酒 & 酒精中心公司（AB Vin&Spritcentralen）承担，用新的柳木条辅助重组了一些板条类的容器，例如木桶和

图 71　处理之后正在干燥的文物，白色的流挂物是固态的 PEG

图 72　曼雅号（Menja）船舱中正在干燥的文物

打水的小桶。很不幸，很多重新组装的容器都是用随机收集的板条组装的，文物的标签被移走了，丧失了考古学意义（图 73）。

⑪　曼雅，北欧神话中的女巨人。参见保罗·赫尔曼（Paul Herrmann）著，张诗敏，许嫚红译，《北欧神话：世界开端的尽头与想象》，上海人民出版社，2020（译注）。

木质文物的处理开始于1962年，最后一批结束于1978年。虽然大量器物都是用PEG 4000处理的，干燥后形成了硬质的表面涂层，特别不吸水，但仍有少量器物用PEG 1500、PEG 1000和PEG 600处理，吸水性更强，更易于随着相对湿度的变化而变

图73　瓦萨博物馆的库房中保护过并重新拼装的木桶〔拍摄：安内利·卡尔松（Anneli Karlsson）〕

化。瓦萨号器物的保护是第一个在工业级别上将PEG用作加固材料的保护项目。

冷冻干燥

大多数情况下，PEG填充都会很成功。但是用桤木和榉木等木纹精细的树种制作的器物，由于PEG 4000无法渗透进这些木材深处的结构中，受到内部收缩和变形的困扰。在这种情况下，保护人员令人钦佩地决定等待，直至开发出更好的方法。这些器物在湿的储藏条件下保存了十几年，直到冷冻干燥等新技术可以应用。冷冻干燥的工作原理基于水由固态直接变为气态的能力，也就是升华，众所周知，如果把一块冰块放到冰箱里一段时间，就会发现冰块消失了。冷冻干燥用于器物保护的优点是可以规避液相阶段。液相是不利的，当水蒸发时，表面张力足够强，会使细胞壁塌陷，特别是当细胞壁已经被生物体的活动削弱的时候。冷冻干燥的目标是在移除细胞壁的键合水之前，从细胞腔中移除自由水。虽然冷冻干燥可以单独使用，但实际上通常用PEG做预处理，以阻止收缩、干燥应力和开裂。

用于瓦萨号器物的程序如下：在蒸馏水中浸泡一段时间，有的情况下会用5%的草酸去除铁的污染物，器物浸在5%~10%的PEG 400溶液中，直至质量恒定。先在一个商用的冷冻装置中冷冻到-20℃，再转移到冷冻干燥腔室内。在低真空度下逐渐升高温度，以使得冰升华，直到去除所有自由水，器物的质量达到恒定。冷冻干燥的效果通常都非常好，器物能够保持原有的形状和尺寸，颜色和表面的纹路非常接近天然木材，比那些用PEG完全填充的器物好得多，PEG完全填充的

器物发黑而且沉重（图74）。与之相反，在这一过程早期处理的器物（例如木勺、碗和罐，以及一个类似西洋双陆棋的游戏，叫作瑞典桌球）非常脆弱，质量非常轻，就像轻木。回头去看，如果用高分子量PEG做预处理，例如PEG 2000，并且稍微提高浓度，这些特性能够得以提升。

图74　冷冻干燥器物示例，器物的颜色更浅，质量更轻，保持了更自然的外观〔拍摄：安内利·卡尔松（Anneli Karlsson）〕

自从20世纪70年代冷冻干燥方法被引入保护领域，就投入了很多研究去改进，现在PEG填充结合冷冻干燥是饱水木质文物处理最普遍、最成功的方法。现代的冷冻干燥器自身就包括冷冻装置，因此不必预冻器物，而且填充过程也可以通过抽真空来改善。在实际应用中，由于冷冻干燥受限于腔室的尺寸，大型船只必须被拆解，如2002年在威尔士发现的纽波特船（Newport Ship）就是这样的案例。看起来冷冻干燥无法应用于径向厚度大于20cm的器物，因为如果使比这一厚度更深的冰表面升华，需要的时间就太长了。

特殊案例：狮子面具，文物编号22

对于小型的木质文物，也有一些其他的处理方法被证明是成功的，这些方法需要用溶剂逐渐取代水分，随后再用其他物质填充。由于溶剂表面张力比水小，蒸发时所引起的细胞壁塌陷较轻。过去使用的溶剂包括乙醇、氯仿、甲醇、叔丁醇、丙酮、二甲苯和乙醚等，之后再用微晶石蜡、蜂蜡或者各种树脂去填充木材。在1958年，这种两步法

图75　一个炮门的狮子面具，处理过的狮子面具通过溶剂干燥再用蜂蜡填充〔拍摄：安内利·卡尔松（Anneli Karlsson）〕

被用于处理瓦萨号一个炮门上的椴木狮子面具。这件器物被浸泡在丙酮里一个月，以取代水，之后又在溶剂油里面浸泡两个星期，最后浸入熔融的蜂蜡中 6 个小时。虽然结果很好，但这一过程可能是不可逆的（图 75）。

其他有机材质

除木材以外，还有其他形态各异的有机材质，包括船体的附属部分，例如索具、帆和绳索，以及船货和船员的遗骸。其中特别有趣的是船员服装的皮革和纺织品残余物，目前正在对它们开展研究。某种程度上，这是比较独特的藏品，因为通常来说，历史藏品中会保存较高社会等级的服装，而不是普通工人的衣物。动物和人类骨骼的遗存，也可以提供食性和健康状况的信息。可以说瓦萨号的藏品提供了非常有趣的视角去解剖 17 世纪的社会。这些材质的保护如下所述。

纺织品

在船上发现了大约 3000 块纺织品残片，主要是衣服的组成部分。有一些是在木箱内找到的，保存得非常好，包括几乎完整的羊毛夹克和毛毡帽，毛毡帽可能是用河狸或者兔毛制造的，那个时代非常流行（图 76）。其他的衣物碎片，主要都由动物纤维制造，例如羊毛和丝绸，在考古条件下，动物纤维比亚麻等植物纤维更容易保存。因此，羊毛衣物的碎片被保存下来，而将它们缝缀在一起的麻质针脚通常都腐朽了。

很多纺织品残片都被污染了，或者被铁填充得很严重，这

图 76　一顶毡帽和一件羊毛夹克，帽子在一个木箱里被发现，保存状况很好［夹克的拍摄：玛利亚·永格伦（Maria Ljunggren）］

些纺织品被浸泡到乙二胺四乙酸（EDTA）或者甲酸稀溶液（2%）中以去除铁。除了少数几个案例以外，都用弱的洗涤剂清洗，再浸泡到 Modocoll E（水溶性的纤维素）和 PEG 400 稀溶液中，前者可以给纤维提供强度，后者可以赋予纤维某种程度的柔性。然后这些纺织品就用一种叫作 Maletta 的杀虫剂进行气相杀菌，使杀虫剂可以存留在纤维中，以起到长期的保护作用，防止霉和蛾子等的侵扰。根据瑞典化学机构的项目登记册，由于毒性高，Maletta 已经在 1976 年由制造商发起的一项运动中在瑞典被禁止了。

目前，虽然这些纺织品还在某种程度上保持着柔性，但是纤维本身已经非常脆，很容易折断，因此拿取这些文物必须小心谨慎，以避免损坏。可能是处理过程中所使用的化合物导致了脆性，但是并没有开展相关研究。今天，配合或者不配合预处理的冷冻干燥方法在考古纺织品的保护中已经很常用，这种方法保存了纤维的三维特性。而在使用杀虫剂方面则非常保守，优先采用预防性策略，例如改造环境以降低害虫的攻击，或者是开展程序控制，有规律地监测，即所谓有害生物一体化管理〔integrated pest management（IPM）〕的方式。

特殊案例：瓦萨号的船帆

瓦萨号船帆的保存是一个令人叹服的案例，其中超过 $650m^2$ 的船帆被保留下来。根据历史记录，当船沉的时候有四张帆升起，都没有被打捞上来，但是在底层甲板一个储藏舱里，发现了其他六张船帆，包括后桅的副帆和两艘小船的帆，以六角风琴的方式折叠，用麻线捆绑。这些帆由大麻和亚麻制作，植物纤维通常在水下不容易完好保存，这些船帆尤其脆弱，稍一触碰纤维就碎裂了。这一堆帆的一部分被剥离，可以被提取出船外，但是考古学家迫不得已将剩下的一堆切割成两半，以便于将它们移出舱口（图 77）。

随后，当还在就如何最好地保护这些船帆进行讨论的时候，从 1962 年 10 月开始了令人痛苦的船帆分层剥离工作。正如斯文·本特松（Sven Bengtsson）所描述的，"成堆的湿叶片，叶片之间相互粘连"，这些帆如此之脆弱，以至于无法支撑自身的重量，因此分离工作必须在一个大的浅托盘中进行，盘中充满水作为支撑。每辨识出一层，就小心地将一片松散编织的塑料网插入下面。然后仔细地用软毛刷清除淤泥，在必要的地方用 1% 的甲酸溶解沉积的铁锈，这也是现在相邻帆片之间不均匀污染的成因。一旦每一片帆的碎片被展开，重新排列，就用小的铅坠将其压平，进行拍照和绘图（图 78）。然后将一层保护性的纱布放到帆上面，整体打包卷起，临时保存在 50% 的乙醇 / 水溶液中，直至作出决定如何最好地进行加固和干燥。

图 77　为了将一堆帆从船中移出，必须将其切成几块

图 78　在浅的水盘中分离和拉直几层帆

像木材一样，饱水纺织品的纤维也会因为水蒸发时的表面张力塌陷，导致不均匀的干燥模式、收缩和起皱。而且，由于大部分帆的碎片都有与之相连的绳子和索具，有顾虑认为不同的组成部分应该用不同的速率干燥。最后决定用低表面张力的溶剂逐渐取代水，这样对纤维产生的应力较小。因此，分阶段地用纯乙醇替换 50% 的乙醇储存溶液，最后替换为表面张力特别低的

图 79 斯文·本特松（Sven Bengtsson）正在把帆的碎片放在一个玻璃纤维制成的支撑体上

二甲苯。然后这些帆被排列放置进行干燥，使二甲苯挥发。这种方法使得纤维可以保留它们的形状，但是由于纤维仍然很脆，而且容易破坏，最终决定还是需要采用永久性的支撑。

在瑞典皇家理工学院（KTH）的协助下，瓦萨号的保护人员最终开发了自己的方法去支撑这些帆。这项技术描述如下：在一个框架上面，绷紧一块密织的玻璃纤维布，然后涂布一层溶在甲苯中、专门制备的丙烯酸乳液（一种苯乙烯、丙烯酸 2- 乙基己酯和丙烯酸异丁酯的共聚物）。再将帆的碎片放在玻璃纤维被衬上，用同样的聚合物乳液固定在合适的位置（图 79）。这个设计思路是基于玻璃纤维和丙烯酸聚合物具有同样的折光指数，这样当帆被展示的时候，支撑结构几乎是透明的。较重的帆边索和绳子则用棉线缝在背衬上，以提供额外的支撑。

在有限的实验室空间中，一次性处理如此大面积的帆，对后勤保障来说极具挑战，因此帆的保护花了十年时间才完成也就不足为奇。虽然安装了排风扇，但是无从知晓从建筑中排除挥发性有机溶剂的效率如何；今天，如果使用大量的挥发性溶剂则

图 80 目前存放在库房中的帆〔拍摄：安内利·卡尔松（Anneli Karlsson）〕

图 81 瓦萨号最小的帆——前桅的上桅帆在瓦萨博物馆展示〔拍摄：安内利·卡尔松（Anneli Karlsson）〕

需要采取特殊的安全措施。最初，处理后的帆用垂直悬挂的方式储存，但在 20 世纪 90 年代，它们被移到博物馆库房中单独的抽屉里，在那里帆被平放，整个面积都得到均匀支撑（图 80）。最小且最完整的帆——前桅的上桅帆在瓦萨博物馆中展示（图 81）。

回头去看，所选择的处理方式似乎介入性非常强，尽管保护人员宣称，用于处理的聚合物在甲苯中可逆，但是这一点尚未被证实。然而由于另一个选项就是彻底损失这些帆，我们应当心存感激，当时作出了这样现实的选择，使这些帆得以保存。保护以后，光照就被保持在最低水平，尽管一些聚合物有些变黄，这些帆仍然处于较好的状态。最为重要的是，它们完全可以被用于研究。今天，当荷兰的保护人员负责去保护舒拉克 SO1（Scheurrak SO1）沉船上的帆的时候，也面临很多同样的问题。

绳子和索具

除了与帆连接的帆边绳，其他绳子的残段和索具也都被打捞上来，其中包括底舱和底层甲板前部大量的堆积物，它们被铁严重地侵蚀，保存程度不一，后来被证实是四条锚索的残片和两条小的系泊缆绳。然而柳暗花明，有一大堆东西保

图 82 船沉没的时候，从一个翻倒的桶中流出的焦油填充了绳子〔拍摄：安内利·卡尔松（Anneli Karlsson）〕

存状况很好，提取非常容易，似乎在船沉没的时候，有一桶焦油翻倒了，并渗透到绳索里（图 82）。其他坚实程度比较低的残段，在提取的时候需要额外的支撑，现在储存在长的塑料沟槽里面。然而大部分绳索都已经腐朽了，变成纤维状的物质，不得不被铲到船外。

偶然地浸渍了焦油意味着那些绳索几乎不需要进一步的保护，仅仅被浸没在乙醇浴中去稀释焦油，使之更均匀地分布在全部材料中。对于那些保存得较差的残段，探索了各种处理方法，包括用 PEG 4000 填充，或用溶剂干燥，之后再在表面涂一层微晶石蜡，还有一些残段仅仅是自然干燥。至于那一大堆绳子的纤维，决定利用它们去制造高质量的纸张，在博物馆的商店中售卖。这项工作由位于图姆巴（Tumba）的瑞典银行造纸厂（Riksbankens Pappersbruk）以传统方式手工制造。今天，这样的行为会被认为是不妥当的，依据国际博物馆协会（ICOM）推荐的职业道德规范，会被认为是售卖博物馆的器物，必将引发争议。

瓦萨号的绳索和索具目前的状态有很大差异，取决于原始材料的质量、当时使用的各种制绳技术，以及处理前的状态。一些仍然具有很好的柔性，但有一些是脆的，很容易折断。至少有 280m 原始的系锚缆保留了下来。2006 年，来自丹麦的奥勒·马格努斯（Ole Magnus）对绳索残段进行了非常详细的记录，他是欧洲仅存的几个专业手工制绳者之一。马格努斯发现原始材料的质量和成品质量差异非常大，其来源有专业的也有民间的。

皮革

在瓦萨号上发现了超过 450 件皮革发掘物，很多都由几百片小片组成。大部分来自于鞋子和靴子，也有工作手套、腰带、烟袋、刀鞘、书的封面以及泵的密封垫的残片，保存状况差异很大。一些皮革分层了，而且被铁污染，其他仍保持柔性，几乎是完整的，尽管将它们缝缀在一起的亚麻针脚已经腐朽了。这些皮革看起来几乎都用植物单宁酸鞣制过，单宁来自于橡木或在北欧更普遍使用的桦木。

在贝克霍尔门实验室建立之前，发掘的文物由斯德哥尔摩城市博物馆（Stockholm City Museum）和国家遗产委员会（National Heritage Board）保护处理。处理的方法之一是将羊毛脂直接擦入湿的皮革，但是负责这些器物的斯文·本特松（Sven Bengtsson）认为，处理后皮革变得很黏，而且有一种不好的气味。羊毛脂乳液的实验结果也不好。1962 年，有一项宏伟的计划，要在瓦萨船坞（Wasavarvet）的临时博物馆展出一定数量的瓦萨号器物，因此通过重复施用 PEG 600，处理了一些皮革片。这种处理对于短期展览是足够的，但长期来看，易吸水的 PEG 吸取了空气中的湿分，使得器物外观像出汗一样，而且导致 PEG 渗透进周围的材料当中。

然而到了 20 世纪 70 年代，冷冻干燥的到来让人们看到了处理这些器物的新机遇。皮革处理的效果特别好，在贝克霍尔门开发了以下的标准方法：用水和软毛刷清洗皮革片，残片被放入聚乙烯网中，浸泡到 25% 的 PEG 400 溶液中，用等量的硼酸和硼酸钠的 1% 溶液作为杀菌剂。在一个标准的冷冻设备中，将皮革残片冷冻至 -20℃过夜，再转移到冷冻干燥设备中。对于薄的、形状简单的器物，干燥在一到两天之内完成，厚的、复杂的器物最多需要五天。在一些处理批次中，器物被放在腔室内的称重天平上，当它们的质量恒定的时候，就认为干燥完成了。PEG 作为一种纤维之间的增塑剂，处理之后赋予了皮革柔性。虽然 PEG 400 比 PEG 600 更易吸水，但由于用量不大，避免了发汗和渗透现象，皮革的变形和收缩都很小。

冷冻干燥之后，一些比较完整的器物，例如工作手套、鞋子和靴子，用聚醋

酸乙烯作为黏合剂修复，以用于展览；或者使用黑色的
亚麻线，利用原始的针脚缝合（图83）。在一些案例中，
缺失的部分用聚醋酸乙烯粘上黑色的无酸卡片或者纸
来补配。作为最后的工序，部分器物用大英博物馆的
皮革敷料处理（包含无水羊毛脂，或牛脚油、雪松油
和蜂蜡）以提高柔韧性和改善外观。现在不推荐采用这
种方式，因为大部分润滑油易于使皮革变得更黑，而且
也被证明化学长期稳定性不好，经常会产生白色晶体
状沉淀物，被称为"油霜"，这种皮革表面的渗出
物几乎无法去除。如今普遍认为，由于
博物馆的器物已经不会再使用，它
们不需具有柔性，书籍的封面可能
是个例外。

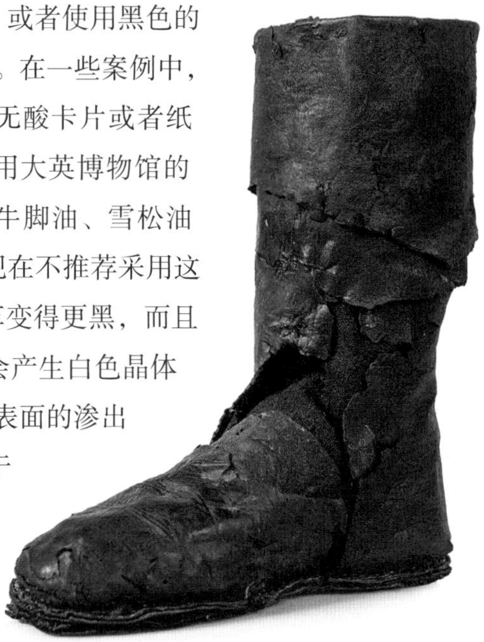

图83 修复后的皮靴〔拍摄：安内利·卡尔松（Anneli
Karlsson）〕

骨骼遗存

在瓦萨号上，还发现了动物和人类的骨骼。动物骨骼来源于船上的生活物资
储备，其中一部分有屠宰的痕迹。总体来说，动物骨骼都简单地自然干燥，没有
额外处理。还有超过20个骨骼样本是器物的装饰，主要是刀柄，这些器物或者
用PEG 4000填充，或者表面用丙烯酸清漆处理作为保护。

保存和处理人骨的案例很有趣。在船内和船的四周发现了大约15具明确的人
体遗骸。其中一具，遗骸H，在炮台甲板的下层发现，被一座炮架压住，后来被
命名为黑尔格（Helge），除了他的衣服以外，头发、指甲，甚至大脑也都被保存
了下来。在发掘过程中观察到，黑尔格（Helge）的骨骼暴露到空气中之后不到30
分钟，颜色就由白色变为深蓝色。最初，在1963年5月，由尼尔斯-古斯塔夫·盖
瓦尔（Nils-Gustav Gejvall）进行了骨学分析，他后来成为斯德哥尔摩大学骨学研
究实验室的负责人。尼尔斯辨认出蓝色的污染物是蓝铁矿，是95%的水合磷酸铁，
看来大量源自螺栓、炮架装置和炮弹的铁腐蚀产物已经渗透进骨质材料的孔洞当
中，不仅污染了骨骼，而且由于磷酸铁晶体形成时体积膨胀还造成了物理破坏。
扫描电子显微镜-能谱（SEM-EDS）分析表明，甚至黑尔格（Helge）的牙齿也被
影响了。铁穿过了根管，在牙髓内形成晶体，污染了牙本质。蓝铁矿的形成需要
特殊条件，要存在铁、磷酸盐和水，同时还需要低含量的氧以及硫化物，在瓦萨

号的遗址上这种条件曾经普遍存在。最近的研究表明，与人类遗骸有关的蓝铁矿的形成，比之前认识到的更为普遍。在 1991 年发现于阿尔卑斯山麓的铁器时代的"冰人"（Iceman）身上也检测到蓝铁矿，在越战美国军人的遗骸中也有发现。

　　1963 年 8 月 10 日举行了瓦萨号沉没纪念日追思会，在此之前的 7 月份，所有 1961 年之前从船上发掘的遗骸被装在五具水泥棺中，在斯德哥尔摩的海军公墓重新下葬。1989 年 5 月，为筹备新的博物馆，签发了许可令，打开墓穴，再次检查这些骨骼。不幸的是，它们被封存在塑料袋里，在地下埋葬 26 年后，水已经渗入袋子，导致了霉的爆发，很多遗骸，特别是黑尔格（Helge）的状况已经非常差。在可能开展研究之前，用水清洗了骨骼，再用 95% 的乙醇消毒，然后在通风良好的室内放置使之干燥。如今，在船上发现的 10 具遗骸，都在瓦萨博物馆展示，蓝幽幽的颜色经常被观众和工作人员误认为是霉。相对而言，1963 年和 1967 年在船外发现的遗骸，由于没有被重新掩埋，保存状况好很多。

角和象牙

　　连同瓦萨号一起被发现的有少数几件角质器物（大部分是牛角），包括一把篦子，七个牛角质的火药桶，以及非常有意思的两对有雕刻的弓形袋子框架，那是北斯堪地那维亚的萨米人（Sami）⑫ 常用的类型。被打捞上来的，还有薄的牛角片，它们被分成很多层并压平，作为灯笼的透光薄片，以使得光可以透过。多年以来，尝试了很多保护处理方法。在 1961 年，将其中几片浸入到高浓度的 PEG 4000 中处理，温度条件是室温或者加热到 70℃。之后，在一些其他的角质器物上，用 5% 的 PEG 400 溶液填充后，再进行冷冻干燥。今天这些器物看上去非常干，而且存在一定程度的粉化。

图 84　有黄铜标度盘的象牙日晷〔拍摄：安内利·卡尔松（Anneli Karlsson）〕

⑫　萨米人（Sami），北欧民族，斯堪的纳维亚原住民。主要分布在挪威、瑞典、芬兰和俄罗斯的北极地区（译注）。

最精美的器物之一，是一个象牙日晷（文物编号 4971），通过浸入到 PEG 4000 中处理，然后缓慢地自然干燥（图 84）。这件文物目前仍处于非常良好的状态，但由于象牙对相对湿度的变化很敏感，它必须被保存在相对湿度大约为 50% 的稳定环境中。

金属

船上发现了一系列金属制品，包括含铁的金属，生铁、铸铁和钢，以及非铁的金属，例如铜合金（黄铜和青铜）、铅和锡以及它们的合金，同时还有银和金。正如在第二章中所解释的，一些金属，由于埋藏位置和电位序的原因更易于腐蚀。例如铁，很易于与氧和水分反应形成铁锈，而另外一些金属例如金则更难以腐蚀。此外，金属中的杂质，有可能是制造过程中被引入的，或者是有意加入以改变金属特性，通过在器物内形成原电池，也会导致腐蚀。腐蚀也会被水化学所影响。

17 世纪的制铁技术可以制造三类铁——根据金属中的碳含量，可以分为铸铁、熟铁和钢。熟铁含有非常少量的碳，拉力强，有延展性，可以被铁匠加工；钢的定义是含有 0.4%~1.3% 的碳，可以通过热处理提高硬度以制作刀刃；如果加入超过 1.3% 的碳，就会产生铸铁，在这种条件下，碳不再与铁结合，而是在铁的织构中形成沉积。铸铁在制造大型器物方面很有优势，因为它可以被熔融，并倾倒入模具中，铸铁硬度高而且强度大，但是可能会非常脆。铸铁内部可能形成原电池，碳作为负极，会导致很剧烈的腐蚀。瓦萨号的饭锅、很多帆索部件中的滑轮，以及大约 1000 颗炮弹是用铸铁制造的，而锚、船钉和螺钉、螺栓以及大部分船上的五金件是熟铁。

铁

总体而言，船上的铁腐蚀得非常严重。正如之前已经提到过的，当船在水下的时候，几乎所有固定船板的铁螺栓都腐蚀了。除此以外，幸存的器物之所以能够保存下来，或者是由于它们的尺寸较大（例如锚），或者以某种方式免受环境的影响。虽然铁本身不断腐蚀，但由于存在碳的晶格条带，铸铁制造的器物仍能保持它们的形状，在瓦萨号的 24 磅炮弹中，可以清楚地观察到这一现象。这些炮弹被发现的时候，有两堆在底舱中，第三堆在船舯的底层甲板。这一堆炮弹中，位于中间的现在仍接近原始质量 10kg，而外面的那些已经被腐蚀得非常严重，现

在 质 量 仅 为 1kg~5kg
之间。

　　铁的保护，也是保
护人员所面临的最艰巨
的挑战。如果不做处理，
将从水下遗址取出的铁
质器物直接干燥，它们
会在几个月之内迅速崩
解。因为铁会和环境反
应，以达到更稳定的状
态——铁锈。而从海水
中打捞的器物，其中氯
含量很高，尤其易于反
应，因为氯化物是很强

图 85　贝克霍尔门保护实验室的氢还原装置

的氧化剂，易于加速铁的腐蚀。讨论了一些可能用于瓦萨号铁器的处理方法，最
终还是选择了氢还原法。在这种处理方式中，器物在氢气中被加热，熟铁加热到
800℃，铸铁加热到 1060℃。氢气与铁锈中的氧反应，将腐蚀产物还原为金属铁，
同时以水蒸气的方式去除水。氢还原法是一种相对快速的方法，速度取决于器物
的数量、尺寸以及反应炉的体积。在贝克霍尔门实验室，6 个 24 磅的炮弹可以在
一个星期内处理完成（图 85）。然后这些器物被密封在一层微晶石蜡中，以保护
处理过的铁，使之与水分和氧相隔绝。

　　在 20 世纪 70 年代和 80 年代，氢还原法是处理铁器的普遍方法，曾经在丹
麦国家博物馆使用，也用于玛丽·罗斯号（Mary Rose）上发现的铁质器物。虽然
这一方法在将铁的腐蚀产物还原为金属以及去除绝大部分氯化物方面很有效，但
是现在，出于保护的目的，不再推荐使用。除了有爆炸的危险，一个主要的缺点
是所采用的高温导致内部的金属织构完全改变了，破坏了所有原始生产技术的证
据。巴克曼在 1978 年的文章中提到，瓦萨号的保护人员意识到了这一点，至少
保留了一个炮弹，没有进行处理，以留存证据。

　　一些器物，例如在遗址上发现的锚以及一个大锅，由于太大，无法放入还原
炉中。取而代之，它们被喷砂除锈，然后用防腐的涂层涂刷。有三个最大的锚，
发现的时候被埋在船艏下面，因此被认为是属于瓦萨号的，此外在遗址周围还发

现了四十个左右的锚，推测是时代较晚的发现物，与船无关。相对于发现的主要材料，这些锚开始被认为是次要的，处理之后很多年里，都放置在贝克霍尔门实验室的外面。现在我们相信它们可能与 17 世纪各种打捞船体的尝试有关，因此也是瓦萨号整个历史的一个组成部分。2005 年前后，这些锚被喷砂，而且重新涂上涂层，现在被保存在室内的储藏设备中。

一个特殊案例：铸铁大锅

其中一个很难处理的器物是 125 升的铸铁大锅（文物编号 12366），直径 90cm，深 45cm，在左舷的舭部发现，发现的时候紧挨着厨房侧躺着。可以推测，被淤泥保护的部分，仍然保留部分金属芯，而暴露到水流中的上半部分保存状况很差，有些部分完全锈透了。档案中包含多个保护工作的记录，表明当时尝试了不同方法去保护它。现在瓦萨号的铸铁大锅严重地碎片化，碎片都很脆弱，质量很轻，内部的织构完全石墨化了。这导致它在不发生损坏的情况下，非常难以处理。有可能当时想要在瓦萨船坞（Wasavarvet）的临时博物馆里展示这口大锅，因此保护太仓促了。不管怎样，发掘之后的某个时刻，这口大锅破裂了，虽然从保护记录上无法确切知道这是何时发生的。1963 年 5 月的一份文件（Dnr 0174/63）表明，在那个时刻，这口大锅由一大块残片以及 36 块小片组成（图 86），这块大的残片恰好是它原始尺寸的一半（非常可能是还含有金属芯的一半）。根据保护记录，这些碎片用蒸馏水彻底清洗，接着在纯乙醇中浸泡一段时间。然后用 10% 的聚甲基丙烯酸丁酯浸泡或者涂覆进行加固。特别脆弱的碎片用 Araldite 219 环氧树脂进一步加固，并使用了硝酸纤维素黏合剂黏合。这种处理使得大锅形成了厚的、塑料质

图 86　如何保护这口大锅，显然是一项挑战

感的表面涂层。多年以来，大锅的碎片在博物馆进行展览，那里的环境很难将相对湿度维持在 30% 以下，因此在表面涂层以下爆发了疱状的腐蚀。2011 年，作为"船上的生活"展览全面检查的一个组成部分，用一个环氧树脂制作的、完整的大锅复制品代替了碎片，那是瓦萨博物馆目前仅存的几个仍在展示的复制品之一。

铜合金

　　船上还发现了一些铜合金器物，包括青铜、黄铜以及镀金黄铜。在船上的各个位置找到 4000 多枚铜合金硬币，以及一套火药铲：三个不同尺寸的用于装载 24 磅大炮，另外一个尺寸的用于装载 3 磅的大炮。最引人注目的是三门青铜大炮，两门在炮台甲板上发现，靠近船艉，由于太大，当时难以从炮台甲板上移走，第三门在 1660 年的打捞中，由于意外被掉落。其中的两门炮曾经作为项目使者周游列国：20 世纪 60 年代，作为展览推广的一部分，到过欧洲、北美和澳大利亚的多个城市；1988 年再次进行巡展，以庆祝新瓦萨博物馆开幕。在 1973 年至 1988 年之间，这两门炮在博物馆入口处的外边进行展览，经常用于鸣礼炮庆典。虽然有一个内置套筒保护炮筒的内部，但后来认为破坏的风险太大了，在 2000 年 6 月 15 日，博物馆十周年庆典之后这项活动就停止了。

　　海水中发现的铜合金器物，经常会受到氯的影响，会导致局域点蚀或者表面腐蚀，形成绿色的表面铜绿。在水中含有盐和氧的情况下，易于形成氧化物和碳酸盐；而在瓦萨号的遗址上——无氧的条件可能有助于硫化铜的生成，这是一种颜色由灰到黑的腐蚀产物。非常不幸，发掘的时候没有很好记录铜合金器物的状况，今天我们所看到的外观，可能是它们打捞之后暴露到氧气当中形成的，而不是在海水中的状态。从打捞时瓦萨号大炮的照片中，可以看到它们的颜色是深棕色的，说明在港口的底部，腐蚀程度较轻，但是一旦暴露到氧气中，这些铜炮很快就形成了绿色的铜锈。金相分析表明，仅有微量的锡流失，腐蚀只发生在表面。很多火药铲，原始状态有 1mm~2mm 厚，在某些位置已经腐蚀通透了，表明在水下形成了原电池（图 87）。总体来说，暴露面积更大的器物后期形成了绿色的表面绿锈，而那些保留在枪管里或者是枪膛里的，颜色则是棕色或黑色。对于这些器物唯一进行的保护就是机械清理，然后自然干燥。由于铜合金对空气中的污染物非常敏感，这些大炮最近用一层溶于白色溶剂油中的微晶石蜡进行了保护。

图 87 用于给大炮装载火药的铜铲子，不同的保存状况［拍摄：安内利·卡尔松（Anneli Karlsson）］

铅

　　船上发现的铅质器物，包括泵的组件以及修理船体用的铅板、测深锤、钓鱼用的铅坠，以及大约 9000 枚火枪弹药。考古遗址中的铅，由于表面形成了一层保护性锈层，阻止了进一步腐蚀，相对来说易于较好地保存。1963 年，对船上发现的 3 件器物（文物编号同为 18278 的两个铅坠以及另一件文物编号为 14042 的器物）进行了分析，结果表明表面的锈层由碳酸铅和硫化铅组成，这通常是无氧条件的证据。2015 年，对 6 枚火枪弹丸进行了分析，确认了腐蚀层中已有的碳酸铅和硫化铅。瓦萨号的铅质器物似乎都是非常简单地自然干燥。今天，在储藏或展示的时候，要采取措施防止它们暴露在氧化性的气体中，以免引发腐蚀。

锡合金

　　与瓦萨号一起被发现的，有大约 25 件几乎完整的锡合金器物和大量碎片。主要包括属于军官们私人物品的盘子、瓶子和餐具。有两个锡质夜壶，一个在军官们的储藏室里被发现，另一个从遗留在船艉廊台的物品中找到。17 世纪，由于锡具有高的光泽度和可塑性，可作为银的廉价替代品使用，在上流社会中是非常普遍的、功能性和装饰性的商品。这些物品的制造商通常会在他们的产品上用印錾盖章，部分原因是防止这些产品被冒用为银器；例如瓦萨号器物中发现了一顶象征斯德哥尔摩的皇冠，这就是一件特别的器物，印有字母 H 和 O，可能是锡匠奥洛夫·汉松（Olof Hansson）的私人标记，他大约在 1551 年去世。

历史上锡经常与铅制成合金以提高它的可塑性，有时候加入铜以提高硬度，产生出一种产品，称作"白镴"。白镴中铅的含量变化非常大，直到同业公会（从 12 世纪起，出现于法国，从至少 15 世纪起出现于英格兰）对金属的品质进行了管制。在沉没于 1545 年的玛丽·罗斯号（Mary Rose）的时代，英国的白镴据说含有 20% 的铅；而法国限制了饮酒器具中铅的含量，不超过 18%，因为在此水平之上的铅会溶解到酒中。现代的白镴已经不含铅了，由锡和 1~8% 的锑以及 0.25~3% 的铜组成。

20 世纪 60 年代对瓦萨号三件锡合金器物开展了分析（文物编号 6926、17346 和没有编号的第三个碎块）。结果表明，所有器物的铅含量都很接近，大约为 10%，但是也含有 1% 的铋和痕量的锑、铜、银、镍和砷。还分析了锡的晶体结构。锡有一个有趣的现象，俗称为"锡瘟"。长期暴露在温度 13℃ 以下，锡可以转变形态，从一种结晶形态——白锡或者 β-锡转变为粉末状的灰锡或者 α-锡，体积会增长 25%。锡瘟曾经被认为是瓦萨号一些器物出现疱状锈的原因，但是尽管长期暴露在斯德哥尔摩港口的低温下，分析并没有发现灰色 α-锡的证据。缺少 α-锡归因于相对高含量的铋，少量的铋（大约 0.1%）在历史上被认为可以防止锡瘟。因此，疱状锈更像是由于合金中不同金属之间发生原电池反应所导致的。

瓦萨号锡器的状况差异非常大，很多器物保存状况很好，除了少量凹痕和刮擦——有可能是使用中形成的，表面被氧化成均匀的灰色表面锈，印记和所有者标记清晰可见。另外一些器物，有点状锈、瘤状的表面，而且非常脆弱。根据保护记录，项目早期发现的几件锡质器物，用加热的氢氧化钠预处理过，去除了疱

图 88 船艉发现的一件锡质器物，表明它是军官们生活用品的一部分〔拍摄：安内利·卡尔松（Anneli Karlsson）〕

状锈，但是留下了大洞，而且令器物变得非常脆。幸运的是，这种粗陋的处理方式没有在后期的器物上重复，疱状锈就保留在器物上（图88）。

瓷器和玻璃

　　船上也发现了一些瓷器，主要位于主舱，或者是在船艉和廊台里军官们的物品中，也有一些在炮台甲板上船员的物品中。还发现了很多各式各样的、装饰精美的瓷器碎片，散落在船的遗址周围，瓷器的类型和发现的位置表明它们与瓦萨号所处时代不同。保护包括在水中清洗器物，然后轻刷去除沾满的、厚厚的污泥，铁腐蚀产生的锈用微弱的氧化性酸去除。在器物干燥前，一些碎片用硝酸纤维素基的黏合剂粘接在一起。

　　还发现了少量玻璃碎片，包括方底的、有锡质螺纹盖子的玻璃容器；主舱的遗物中发现一些方形的玻璃窗嵌板和八角形酒杯的碎片（图89）；

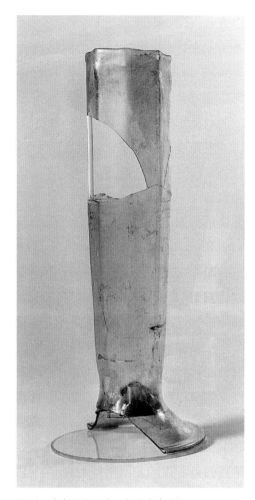

图89　在船头发现的八角形玻璃酒杯

在一个大的木桶中发现了一个完整的瓶子。根据保护记录，这些都在流水下冲洗，然后自然干燥，一些碎片用聚乙烯酯基黏合剂粘接。

出乎意料的器物

　　至少发现三只木桶和四口铸铁锅中装满了黄油或猪油的残余物（图90）。虽然长期暴露在海水中，影响了它们的组分，20世纪60年代的分析鉴定出有高含量的肉豆蔻酸和肉桂酸，与动物脂肪的来源一致。其他被鉴定出来的还包括可能来源于牛肉或羊肉的动物脂肪，用于制作蜡烛。

　　一个锡质的瓶子（文物编号17346）里装有一种浅黄色的液体。由葡萄酒 &

图 90　在一些容器中还发现了残存的黄油和猪油

酒精中心公司（AB Vin&Spritcentralen）进行了初步的分析，确认其中含 33% 的乙醇，化学组分类似于雅丽酒或兰姆酒的特征（报告日期：1962 年 7 月 18 日）。如果这个结果是正确的，就表明朗姆酒在瑞典出现的时间非常早。2017 年，开展了一系列更为灵敏的化学分析，结合历史研究得出结论，这些液体更像是白兰地〔在 17 世纪的名称是葡萄酒精（spirits of wine）〕，口味是茴香型。

参考文献 / 注释

瓦萨号器物的保护被记录在 Birgitta Håfors 2010 年退休时完成的博士论文中。保护专业领域对于 PEG 的理解，很多都源自她开创性的工作。

保护瓦萨号器物的大部分信息来源于没有公开发表的保护记录，出自 SMM 档案、保护委员会的会议记录和内部报告。没有发表的来源还包括：Qvarfot 2015 报告的瓦萨号火枪弹丸铅腐蚀，以及 Bengtsson 在 1968 年 12 月 30 日有关帆的报告（Dnr3411.68）。

已发表的来源列出如下：

瓦萨号木材的保护：Barkman 1967 和 Håfors 2001，2010。木材保护的一般背景信息：Hoffmann 2013。

狮子面具的保护：Strömberg 1959。

帆的保护：Bengtsson 1975。

皮革的保护：Bengtsson 1980。

瓦萨号骨骼遗存的研究：During 1994 ；更多的一般信息：Mcgowan and

Prangnell 2006 和 Spindler 1994。

瓦萨号铁器保护的专门信息：Arrhenius 1967，Arrhenius et al. 1973 和 Barkman 1977。金属保护的一般信息：Barker 2003，Scott 2002，Scott and Eggert 2009。

瓦萨号发现的白镴：Soop 1962 和 Villner 1986，2012。

当时的保护方法：Plenderleith and Organ 1954 和 MacLeod 2005。

有害生物一体化管理的方法：Pinniger 2001。

第 七 章

新博物馆中的生涯

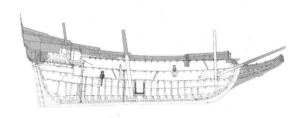

　　当船体和器物的保护还在进行的时候，建造一座永久性瓦萨博物馆的计
划就被提上了日程。有两个备选位置，一处就是瓦萨船坞（Wasavarvet）的
位置——那里正在进行船体的保护处理，另外一处是沿着港口到厨房码头
（Galärvsdockan）、一个稍微远一点的干船坞（图 91）。最终选择了后者，原因是
这个位置不仅有足够面积以供将来扩建，也可以令当时的临时博物馆在建设过程
中继续开放。1981 年，举办了一场新博物馆设计的国际竞赛，最终瑞典建筑师曼
森（Mänson）和达尔贝克（Dahlbäck）拔得头筹。设计灵感源自海洋工业设施，
多层的水泥建筑建造在已有的干船坞上面（图 92），覆铜的屋顶上是装饰性的桅
杆，桅杆建造高度为 52m，与瓦萨号原有桅杆高度相一致（图 93）。博物馆的建
造开始于 1986 年 10 月，共耗资 2.1 亿 SEK。

图 91　位于厨房码头（Galärvdockan）的新瓦萨博物馆的位置

图 92　在干船坞上建造新的博物馆

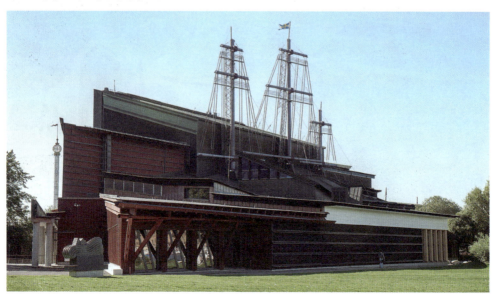

图 93　竣工的建筑〔拍摄：安内利·卡尔松（Anneli Karlsson）〕

图 94　在 1988 年 12 月一个飘雪但风平浪静的日子，将瓦萨号转移到了新博物馆〔拍摄：斯文·本特松（Sven Bengtsson）〕

　　新博物馆位于干船坞上，因此船可以在浮船上通过漂浮的方式运送到建筑里。1988 年 9 月，临时博物馆关闭了，在船的周围建造了一个套箱，运输过程中维持环境的设备也囊括其中。由于担心风的载荷会作用于箱体的高墙，搬迁必须

图 95　船在博物馆之内，部分防护罩已经被移除〔拍摄：© 汉斯·哈马舍尔德（Hans Hammerskiöld）〕

选择一个风平浪静的日子。1988 年 12 月 6 日，瓦萨号被牵引着，沿着港口，从敞开的西南墙进入还没有完工的博物馆，船体与港口两边的间距仅为 40cm。在博物馆的导览中，这趟旅程被戏称为"瓦萨号唯一一次成功的航行"（图 94）。水泥基座直接浇筑在基岩上，浮船就泊

在水泥基座上，水渐渐泵出船坞。用于装载 PEG 浸泡槽和泵等设备的浮船上的小隔室被清除，并改造成现场储存设施，为博物馆内的各种操作，以及在船上发现的器物提供了宝贵的空间。当建筑竣工的时候，箱体的主体和临时的环境设备仍然保留在原位。在 1989 年的夏季，大约有 20 万游客来参观这艘船，箱体的一侧被揭开，以暴露船的左舷（图 95）。1990 年 6 月 15 日，博物馆正式开放，瑞典国王卡尔十六世古斯塔夫（King Carl XVI Gustaf）亲自剪彩。

安装桅杆和下桅索具

计划中重建的最后阶段——将桅杆安装在桅座上并装配下桅索具，终于即将成为现实。尽管一些木构件和所有的铁构件必须重新打造，重建的目标仍是尽可能多地使用原有材料。依照国际博物馆协会保护的准则，如果任何新增元素能够从原始材料中被清晰地辨识，也是允许的。根据文物的状况，决定将瓦萨号按照他的"冬季日常"来展示，移除了上部的桅杆和帆，就像在航行季节之间，船被锚固在斯德哥尔摩海军码头时呈现的那样。计划制作一个 1∶10 的船模，装配所有的帆，以展现索具的全貌。尽管如此，一些决定仍受到了文物状况的影响，例如，大部分原始的索具滑车，包括滑轮和三孔滑轮状态足够好，可以用于装配，而帆就太脆弱了，无法安装到船上。

足够的下桅支索被保留了下来，可用于重建船艏斜桁和后桅。船艏斜桁原来由两部分组成，在其插入船体的部位嵌接起来。沉没在水下一段时间之后，嵌接失效了，内端仍在原位，但外端一直没有找到。1992 年 11 月，保存下来的内端被取下来，并在上面拼接了一段新的木料。博物馆的天车无法安全地延伸到所有起吊区域，于是雇用了一台移动吊车去移除剩余的部分，并将重建的船艏斜桁复位。之后通过被称为船艏斜桁系索的绳子，将船艏斜桁连接到喙形船艏上，再现了原始的构建方式。重建的船艏斜桁重达 3.5 吨，几乎超出船艏 18m，为支撑额外的重量，安装了两条钢索，把喙形船艏连接到天花板和墙壁上（图 96）。喙形船艏和船艏斜桁都轻微地指向左舷，这是原始结构的一个缺陷。

下一年，注意力集中在安装桅杆上。在波罗的海和北美大湖区之外，桅杆仍保存在船骸上的情况是很罕见的，因此几乎完整的前桅（文物编号 23）是一件非常重要的文物。前桅是一根单根的松木树干，可能是从其他旧船上回收利用的。它的下端仍在原位，上部的 6m 不知何时折断了，折断的部分被发现的时候躺在船骸附近，由于它会对潜水员的输气管造成危险，1956 年最早被打捞上来。在

图 96　重建的船艏斜桁〔拍摄：安内利·卡尔松（Anneli Karlsson）〕

1957 年，用甘油处理了这根桅杆，以阻止其开裂，然后它被放在贝克霍尔门保护实验室外的一个屋檐下面。1960 年 6 月，前桅用含有砷、铬和锌盐的溶液加压处理，以阻止腐朽，但后续的报道认为由于木材很湿，填充效果很差。处理之后，前桅和主桅一起被储存在开放的空间里，直到 1979 年它们都被移到室内，放在伯特哈尔（Båthall）2 号——博物馆附近的一个海军军械库。1980 年和 1984 年的样芯取样结果表明，主桅已经干燥到平均含水率 15% 左右，前桅的下端内部区域含水率仍然超过 100%。瑞典农业大学（Swedish Agriculture University）托马斯·尼尔松（Thomas Nilsson）的检测表明，桅杆受到霉和蓝霉菌菌丝的影响。他还指出，有证据表明上端破裂的区域存在某种类型的软腐菌（*Trametes pini*），是在树还存活的时候，由树枝引入的，在 17 世纪，造船工人可能无法探查到这样的破坏。

　　由于高的含水率导致木材的力学强度降低了，决定在重新放回桅杆之前，处理腐朽的部分，并降低含水率。虽然桅杆的残余强度受到关注，但有观点认为，与船航行时不同，在博物馆静态的展示中，桅杆不会承受扭曲或弯折力。1993 年早期，通过与 Prolignum AB 公司〔瑞典延雪平（Jönköping）一家专注于涂料和油漆的公司〕讨论，决定用硼酸基的杀虫剂溶液（Boracol 10 Rh 溶液）处理桅杆三次。之后在下端 6m 长的部分上钻了 93 个孔，插入含硼的小棒（图 97）。另一个建议是沿纵向劈开桅杆，插入一根金属芯，相较于此，前一种方法被认为是更好的选择。在 1993 年 2 月 25 日，桅杆被重新安装之前，折断的两部分用新的木材拼接在一起，用环氧树脂、螺栓和螺丝固定（图 98）。

原有的主桅，在靠近上甲板的位置折断了，下边的部分是 1961 年 11 月最后从船体中移出的物品之一。主桅是一个组合式的构件，由 11 个主要部分组成，4 块弧形部分，包围着内部方形的芯；整根主桅用 8 根 5cm 粗的铁杆加强；4 根铁杆在船的下部，那里主桅与甲板相接；另外 4 根铁杆靠上。另外一些被称作桅肩的组件，安装在主桅顶端，以承担桅楼的重量。然而，原有的松木芯扭曲得太严重，不得不用一个胶合板的构件替代。1993 年 6 月，将重新建造的桅杆安装到桅座上的时候颇具挑战。重建的桅杆（图 99）重达 6.1 吨，在安装过程中，为了避

图 97　含硼的小棒被插入前桅以阻止腐朽

图 98　前桅劈裂的部分

图 99　主桅在最显著的位置，后面是后桅〔拍摄：安内利·卡尔松（Anneli Karlsson）〕

免顶部天车过载，不得不先移除侧面
的部分，以使重量减少到可以接受的
5.5 吨。当 26.4m 长的桅杆就位时，它
与甲板之间的缝隙仅有 5cm。在桅座
上并没有发现硬币，这一点有别于航
海的传统，但安德斯·弗伦岑（Anders
Franzén）还是在桅杆下放了几枚硬币。
那一年之后不久他就去世了，那是他
去世之前最后的公开活动。

图 100　木工组的组长奥西·格伦达尔（Ossi
Gröndahl）正在修整一根新的后桅，新的船艏斜桁
位于左侧。

　　原有的后桅一直没有找到，在船
沉没之后，它伫立了一段时间，但可能在 1663~1664 年打捞大炮的时候，为了
便于打捞被移除了，于是用松木树干制造了一个替代品。这棵树 1988 年倒伏在
斯德哥尔摩的西边，因此可以使之在瓦萨船坞的外边风干（图 100）。后桅复制
品的最终尺寸根据现存的船体结构和几何尺寸确定，重达 1.25 吨，长 17.5m（图
101）。由于船建造过程中的一些原因，原始后桅的位置向船头偏移。这就意味
着它的重量没有落在下层炮台甲板的承重梁上——那才应当是造船工人的原始
意图。当 1993 年 11 月安装新后桅的时候，不得不在下层炮台甲板下安装一根

图 101　操纵后桅使之就位〔拍摄：© 里卡德·蒂芬巴赫尔（Richard Tiefenbacher）〕

图 102　在后桅下面增加了不锈钢梁作为额外的支撑〔拍摄：安内利·卡尔松（Anneli Karlsson）〕

图 103　主桅下面的钢质支撑〔拍摄：安内利·卡尔松（Anneli Karlsson）〕

不锈钢梁，以支撑它的重量（图102）。为减轻船体上的额外重量，主桅的下端用直径10cm的钢柱支撑，钢柱直接坐落在浮船上，因此在船的底部钻取了1.5m长的孔（图103）。对于前桅，也采用了类似的解决方案，但是它的重量被转移到支撑艏柱的一部分托架上，因此从船的底下不易被发现。在支撑前桅时，不得不钻取了1.8m长的孔，而剩余的、还没有被腐蚀的原始螺栓使这项工作变得更为复杂。

图104　提升重建的前桅桅楼使之就位

当桅杆就位后，就可以利用大部分原始的桅横杆和桅圆材去安装下桅支索。找到了三个原始的桅箍，其中一个被放在主桅上，在前桅和后桅上安装了木质的复制品。主桅桅楼（桅顶附近的圆形平台）的重建几乎都是利用原始材料，但前桅和后桅的桅楼仅分别包含大约50%和30%的原始材料（图104）。2005年在斯德哥尔摩港口的搜寻过程中，找到了其中一个桅楼的斜撑，可能是准备提升船的时候遗失了。从那时起，这根斜撑经过预处理去除铁的腐蚀物之后，用PEG保护并冷冻干燥（原因在下一章描述）。

虽然绳索的原始材料几乎都没有保留下来，但还是可以从滑轮组和三孔滑轮上找到的绳子残段、从帆的局部、从在船内发现的储备索具组件上收集到足够信息，以确定绳索的捻法和尺寸，制作令人信服的复制品。原始的绳索由焦油处理过的大麻制造，但事实证明，现在已经不可能为瓦萨号找到足够的大麻。然而，还是没有使用现代合成材料，而是在德国汉堡找到了一个亚麻供应商，他们可以根据在瓦萨号上找到的绳索的尺寸和结构制造足够量的绳索。这个公司不久之后就破产了，幸运的是，1985年，刚好在索具项目开展之前，购买了他们供应的产品作为储备。今天很少有绳子制造商可以生产所需质量和数量的大麻绳子，因为从经济效益的角度来说行不通。瓦萨号量级的保护项目很稀少，出于保险的目的以及减少维护费用两个原因，复制的航海训练船舶倾向于使用现代材料。瑞典复制的航海船哥德堡号（Gothenburg）是很少的几个使用大麻绳索的项目之一，工作人员们在哥

德堡（Gothenburg）附近艾尔万恩
（Älvängen）的绳子制造博物馆的
制绳场捻制了绳子。

为瓦萨号索具专门制造的新
绳子总长超过了 4km，几乎所有
绳子都是现场制作的，有时在建
于瓦萨号旁边的工作室里，有时
直接在船上（图 105）。索具装
配的方案是尽量保持原真性，例
如，前桅前支索排列成一种复杂
的三角形，将部分船艏斜桁的重
量分散到前桅上，就像原始的状
态一样。在一艘还在服役的船上，
这样已经足够支撑桅杆和索具

图 105　奥洛夫·皮平（Olof Pipping）在建于博物馆内部
的工作室中准备索具

了，但是出于长期安全性的考虑，与前桅前支索和主桅前支索同时安装了钢缆，
锚固在同样的点位，为这些绳索提供额外的支撑。

油饰分析

一旦船体的物理结构完整了，就可以考虑外观的其他方面，特别是船的油饰
方式。在 1628 年，瓦萨号不仅仅是一艘战船，也是一件宣传工具。他有着复杂
的雕刻体系，昭示了国王古斯塔夫二世·阿道夫对瑞典王位的继承，以及他对瑞
典怀抱的雄心壮志。虽然当船沉在水下的时候，雕刻上的涂层大部分都消失了，
但是被打捞上来的时候，还是在一些雕刻上发现了引人入胜的镀金痕迹和其他彩
色沉积物。这导致了一种错误的推测，认为雕刻几乎完全是镀金的，背靠蓝色的
背景，对于 17 世纪晚期荷兰的船只来说，这样的装饰很普遍。知名的瑞典艺术
家比约恩·兰德斯特伦（Björn Landström）出版了一本有关瓦萨号的书，将这种
阐释流传下来。然而在新博物馆开幕之前，决定对船的雕刻开展详细的检测，以
确定原始的颜色体系。

这项艰苦的工作由绘画保护人员兼艺术史学家彼得·同耶贝里（Peter
Tångeberg）承担。由于有外部基金的支持，采购了精密的双光路显微镜，这种显
微镜通常应用于医疗手术，通过双光路显微镜可以观察到雕刻的整个表面。同耶

图106　在最近开展的一个检查船体内部的项目中，绘画保护人员兼艺术史学家彼得·同耶贝里（Peter Tångeberg）正在寻找颜料的残余物

贝里（Tångeberg）检测了大约40个代表瓦萨号装饰主题的雕刻（图106）。这项工作需要首先确认外来材料累积的位置，逐渐移除累积的PEG，再用外科手术刀或者针取得沉积物的样品。为了得到剖面样品，以确定涂层是否为多层涂布，样品被嵌入环氧树脂的小方块中，喷砂并抛光。最后在奥斯陆大学乌恩·普拉赫特（Unn Plahter）的协助下，结合偏光显微镜（PLM）、扫描电子显微镜（SEM）和元素分析技术，完成了最终的鉴定。

事实上这些雕刻通常都腐蚀得很严重，受到污泥、硫以及铁腐蚀产物的污染，其中很多都与颜料的化学组分相似，使检测变得更为复杂，因此需要很高超的技巧去辨识，哪些是有意施加上作为颜料，哪些是次生材料。很多传统颜料由天然物质制作，例如黄色和红色的颜料含有铁；其他颜料，如红色和白色的含铅化合物，在水下可能发生化学变化，变为黑色的硫化铅，很难从污泥中辨识出来。直到检测了几千个样品，并将它们与已知的传统颜料对比之后，同耶贝里和普拉赫特才开始去辨识某种特定模式和重复出现的特征。例如，钛的存在表明存在一种无机颜料或者土基颜料；对

图107　右舷船舷廊道的雕刻复制品展示了油饰分析的结果。2010年，当按照推测的颜色体系喷涂1∶10比例的船模后，这些复制品被移除

于钴蓝或钴玻璃，已经无法再检测到钴，但其他线索，例如检测到硅和钾同时缺少铝，则意味着存在钴蓝或钴玻璃。

随着项目的推进，同耶贝里（Tångeberg）可以确定，雕刻体系是用自然主义的色调，绘制了复杂精致的图案，但是头发、胡须和狮子的鬃毛是镀金的，背景的颜色显然不是蓝色，而是红色。根据这些结论，涂饰了 15 个全尺寸的雕像复制品。其中的两个原来在船上展示，但现在已经被移除了（图 107）。博物馆从未想过要直接在船上重现原来的配色方案，但是这些研究结果可以在 1∶10 的模型上重现，这个模型 2010 年根据同耶贝里（Tångeberg）的复原进行了涂饰（图 108）。在最近一个研究内部舱室是如何装饰的项目中，也应用了相同的分析技术。

图 108　根据油饰分析结果喷涂的 1∶10 的船模〔拍摄：安内利·卡尔松（Anneli Karlsson）〕

展示中的瓦萨号

如果包括船艏斜桁，今天所展示的瓦萨号长 69m、宽 11.5m，船艉高 19m，桅杆的顶部比地面高出 36m。经过计算，目前被展示的结构 98% 都是原始的木料。

这艘船坐落在一个巨大的、开放式的、不对称的空间中，每一层周围都环绕着参观通道，因此经常被比拟为剧院。当观众从船的吃水线那一层进入博物馆，瓦萨号立即从幽暗中显现出来迎候他们，对于很多人来说这都是激动人心的体验，在很多针对观众的调查中，这一时刻都被描述为"叹为观止"的时刻。船体没有被放置在玻璃后面，而是与参观者处于同一个物理空间，也增强了这种效应。

　　然而从保存的角度来说，使博物馆如此令人惊叹的展示空间因素，也带来了巨大的挑战。这栋建筑本质上就是一个庞大的展柜，因此，所有应用于展柜的保护控制必须被放大，空间高度很高，容纳的空气体积庞大，使得在船体周围维持稳定的环境变得很复杂（这是瓦萨号长期保存的关键因素，将在第九章讨论）。通向船体某些部分的通道被限制了，而且没有保护性的玻璃窗，船暴露在灰尘和有害生物的侵扰之下，而且易于发生物理损坏。允许观众处于"展柜"中也增加了挑战，观看需要照明，观众导致温度和湿分含量的升高，而且不经意地将泥土、灰尘和昆虫带入建筑中。除了圣诞节和新年期间的四天，博物馆全年开放，每天开放时长在 7 到 10 个小时之间。此外博物馆每年举行大约 80 到 100 场夜间活动，在此期间，经常会提供食物和酒水（图 109）。

图 109　博物馆的夜间活动〔拍摄：安内利·卡尔松（Anneli Karlsson）〕

上船的通道

船体本身是不对公众开放的。正如第五章所提到的，最初希望观众可以被允许登船，但是到 20 世纪 70 年代，意识到这有可能需要对船进行大量干预，例如，为保证健康和安全需要开辟紧急出口等，由于认为这些手段将会损害船的整体性，上船的通道仅限于保护人员进行记录、维护和完成其他任务。博物馆的教师，需要定期通过 Skype[13] 和瑞典以及国外的学校进行对话，此外博物馆的友人，或者其他国家的首脑偶尔要进行参观。在这些情况下，使用了地垫和鞋套以减少磨损，但是当需要干重活的时候，或者需要安全立足点的时候，这些都不具实用性。耗费了很多年去寻找理想的鞋子——既要具有抓力，又不会引起损坏，最后发现在保龄球馆使用的光滑的皮底鞋（图 110）是完美的解决方案，在某种程度上对我们的访客来说也是一种享受。

上船的唯一直接通道是从博物馆的第六层通过一个小桥，那里设有安全码和警报装置，以阻止未被授权的人进入。定期通过龙门吊到达船的上层进行记录或清理，或者开展博物馆其他相关工作，例如调整或替换灯具。吊车从一个可以移动的横梁上悬挂下来，横梁位于天花板的高度，跨度可以跨过整艘船，通过遥控控制其沿船的长轴方向移动。但吊车无法延伸到喙形船艏、廊台以及船舷的部分，而建筑设计也不允许改造现有系统。

还使用了一台升降机去靠近船舷、部分喙形船艏以及下层的舷封板。为了安全操作，要把升降机的支撑脚展开到最大，由于地面缺少

图 110　经过长时间的寻找，发现最适于船上工作时穿的鞋子，是保龄球馆使用的鞋〔拍摄：安内利·卡尔松（Anneli Karlsson）〕

---

⑬　一款即时通讯软件（译注）。

图 111　船艉的工作平台〔拍摄：安内利·卡尔松（Anneli Karlsson）〕

空间，它的使用有时受到限制。多年以来，到达船艉的通道一直是一个主要问题，直到 2008 年安装了一个可移动工作平台，这一问题才得以解决。这个平台连接到一对立柱上，立柱向外倾斜，与瓦萨号向后倾斜的艉封板平行，与船体形成一定角度（图 111）。每根立柱上都安装了马达，使得平台可以升降，或朝向船体水平运动，平台每一端都能够延伸，两翼可以到达艉廊，大大方便了记录、维护，特别是清洁。

清洁

由于每天都有大量游客到博物馆参观，船体很快就累积了灰尘，在博物馆开放之后的早些年里，灰尘的主要组分是水泥的粉尘，后来则主要由织物纤维和人的皮肤颗粒组成。表面黏黏的 PEG 易于吸附灰尘，因此每年保护人员必须清理船体两次，通常在五月和十一月，采用刷子、真空吸尘器，有时是压缩空气，需要在博物馆闭馆之后工作四到五个晚上（图 112）。在接近喙形船艏时，使用一种背包式的真空吸尘器。此时，船上厚厚的 PEG 就成了一个优点，保护了船体木材表面，以防止清理所导致的磨损。

图112 博物馆管理人员伊雷妮·林德布鲁姆（Irene Lindblom）正在用吸尘器清理露天甲板，这项工作每年至少需要进行两次

照明

到博物馆来的观众，特别是上年纪的，通常会批评建筑内昏暗的灯光。虽然低光照度也是展示设计内容之一，可以在船体周围营造一种神秘的气氛，但主要是出于保护的目的。光是一种形式的能量，可以被传输到博物馆的器物上，引起各种形式的损坏。日光特别具有损害性，因为它含有高能的紫外线。出于这一原因，博物馆设计了很少的窗户，而所有已有的窗户也有意地分布在建筑的北侧，而且用紫外滤膜覆盖。即使紫外波段被滤除了，可见光波段也可能会对船造成损害。有机物特别脆弱，长期暴露在强光下，木材会被漂白，最终纤维素和木质素组分会分解；而由于主要组分——蛋白质发生降解，纺织品也可能会变脆、褪色，皮革可能会变干、开裂；包括无机颜料在内的无机材料，暴露在灯光下也会褪色。研究还认为，长时间暴露在光照下面，PEG可能会断链，虽然这方面的详细内容和降解速率还没有被完全理解。因此博物馆众多挑战之一，就是控制光照水平以减少损害，同时保证充足的光线，使得公众能够观察器物的细节。

　　光照可以用强度来表示（一次有多少光落到一个物体上），用 lux 来度量，也可以用暴露的时长来度量，单位是 lux 小时。理论上来说，短时间的强光，例如相机的闪光灯，与低强度光长时期的照射，可以产生同样的损坏，称为对等原则。但这仅仅是一种简化，一个靠近物体的光源，与放置得更远的光源相比，实质上可以导致更多的损害。因此建筑的设计、器物是由什么材料组成的，以及实际的照明水平都是重要的因素。基于瑞典皇家理工学院（KTH）的建议，并参照国际文物修护协会（IIC）对于光敏性材料所推荐的光强，最开始建议光照落到船上的强度应当不超过 50lux。这一光照水平非常低，但是经过了多年的展览之后，工作人员已经逐渐把灯光调整到令观众舒适的程度。2006 年，要为安装一个新的照明系统作准备，博物馆的保护人员和灯光技师们进行了一项调查，发现落到船体上的实际光照水平，已经远远高于最初推荐的数值，在一些情况下已经高出了 5 倍。如上所述，博物馆每天开放 7~10 个小时，几乎全年开放，因此每年船体接受的光照量是巨大的。

　　新的照明系统安装于 2007 年，这一系统在船的保护需求、博物馆的工

图 113　2012 年，在船内安装了 LED 灯，改善了船上的工作条件并降低了能耗〔拍摄：安内利·卡尔松（Anneli Karlsson）〕

作人员以及观众之间建立了一个平衡。在正常的开放时间，落到船上的光照被限制在 100lux；为了拍照，设置了每 30、60 或 90 分钟，把光照水平提高到 200lux，之后光照就恢复到正常水平；当必须完成专门的维护任务（例如清洁）时，船上的一些特定区域的光照水平可以被提升到 250lux。之前这些工作需要使用笨重的手持工作灯，而且有失火的潜在风险。当闭馆之后清洁建筑时，只有公共空间有照明，船上则没有。

起初，新的照明系统由卤素灯组成，能量降低了 30%。现在，这些灯逐渐被 LED（发光二极管）技术代替，LED 技术能效更高，颜色调节更具柔性，可以完全消除紫外线。2012 年，在瓦萨号的上炮台甲板和主舱安装了 LED 灯，而且也计划在船的其他部分安装（图 113）。对于 PEG 处理的木材，虽然可以接受的安全光照水平缺少通用的标准，但这些手段使得我们可以在某种程度上更准确地计算每年的光照度。基于这些数字，展示中的船体一年的光照量为 48.96 万 lux 小时，如果把每年拍照和工作照明也包括进去的话，最高可能达到 50 万 lux 小时。基于现有的知识，认为这样的光照量是可接受的，但是随着照明技术的发展，有可能提升照明水平，在博物馆内产生更具戏剧效果的照明，同时减少对木材和 PEG 有损害的波段。

火灾预防和控制

火灾预防和控制手段受到建筑设计的影响。博物馆大部分的库房都被安装在天花板上的喷水系统所覆盖，展览区域也部分被喷水系统覆盖，在建筑内各个合适的位置放置了可移动灭火器和烟感探测器。如果发生火灾，天花板上的排烟通道可以自动打开，以防止烟雾累积。船上的防火控制系统更为复杂，由于那些区域的天花板太高，喷水系统无法有效覆盖，取而代之的是有规律间隔放置在船上的烟感探测器，每层甲板有两个点位，放置了手持的二氧化碳泡沫灭火器（水会溶解 PEG）和防火毯。风险评估曾经得出结论，船上安装的电子设备所带来的失火风险最大，因此，船上的供电在夜间会被切断。在开放的时间，当有些活动需要使用电动工具的时候风险最大。由于保护人员对这艘船了如指掌，经消防部门同意，一旦失火，保护人员将作为第一响应人，而且我们也参加了培训，未雨绸缪。总体而言，认为失火的风险非常低。

2008 年，博物馆研究了船上灭火系统的替代方案。讨论了一种方法，在船上不使用水，而采用惰性气体的喷头，惰性气体可以充满天花板和船板之间不可到达的空间。但是由于气体灭火剂仅仅在封闭的空间有效，这种方式将需要大量工作去封闭船体的间隙，并安装一个自动系统关闭炮台甲板，可能还需要在船内部安装额外的管道，还必须找到空间放置储气罐。当与实际的着火风险相比较的时候，这一方法太昂贵，也不必要，因此打消了这一念头。这项研究有一个有趣的结果，由瑞典 SP 技术研究所对 PEG 处理木材的燃烧特性进行了研究，结果表明，与没有处理过的橡木和松木相比，引燃 PEG 处理的木材所需时间更长，产生的烟更少。

暴风雨前的宁静

20 世纪 90 年代早期，当桅杆和索具安装完毕之后，标志着瓦萨号原计划的保护程序接近尾声，经过差不多 30 年之后，大家终于长舒了一口气。瓦萨号成为新博物馆的核心展品，因此无论是实体上还是行政上，终于归属于博物馆馆长的管辖之下。之前瓦萨号管理的责任由保护部和修复部分担，保护部负责 PEG 喷淋和环境控制，修复部负责监督重新拴固和重建等结构方面的工作。大家都认为主要的保护工作已经完成，未来的任何措施都将纯粹是预防性的，例如监控环境、保持船体尽可能不沾染灰尘等。贝克霍尔门的设施逐渐缩减，保护人员的职位减少到两个。1996 年，来自国家遗产委员会的英格丽·哈尔·罗特（Ingrid Hall Roth）取代了比吉塔·霍福什，罗特最初以咨询专家的身份为瓦萨博物馆工作。在博物馆内部，注意力集中在布置展览和向国际观众宣传博物馆等方面，没有人对于将要发生的事件未雨绸缪。然而，瓦萨号即将以一个完全出人意料的原因，再次成为媒体的头条新闻。

参考文献 / 注释

建造瓦萨博物馆的信息见 Helmerson 2013。重建工作见 Kvarning and Ohrelius 2002，Stolt 1994，以及 SMM 的档案里没有发表的报告和文件，特别是 Pipping 1995。

颜料分析项目的报告见 Tångeberg 1995，1996，1999。

第八章

意料之外

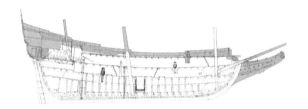

到 20 世纪 90 年代的末尾，特别是 2000 年潮湿的夏季之后，博物馆的工作人员注意到，船体和木质文物的表面出现了一些黄白色的粉状斑块（图 114）。当用 pH 试纸测试，发现这些位置的酸性很强，通常 pH 值为 3 左右，有的部位 pH 值甚至低于 1，在很严重的情况下，木材的表面剥落了。这一测试到的 pH 值比正常情况下橡木或 PEG 的 pH 值都低得多，而这两种物质都是略微呈酸性的，pH 值大约为 4~5。这一发现纯属意料之外，而且有担心认为酸性条件可能导致木材组分的降解。2001 年 2 月，博物馆举办了一个国际研讨会，一些科学家、木材专家和保护人员齐聚一堂，讨论这个大爆发可能导致的结果。这一消息抓住了一些媒体的眼球，他们刊发了耸人听闻的头条新闻，警示瓦萨号的船体可能在 10 到 15 年之间解体。

从船的各个位置提取了一些样芯，请斯德哥尔摩大学的结构化学家马格努斯·桑德斯特伦（Magnus Sandström）教授进行分析。他采用 X 射线衍射（XRD）进行了分析，确认盐的爆发形成了一系列的水合硫酸盐，主要是黄色的黄钾铁矾（$NaFe_3(SO_4)_2(OH)_6$）和白色的水绿矾（$FeSO_4 \cdot 7H_2O$），它们在溶液中酸性很强。也检测到了硫酸钙，硫酸钙虽然相对中性，但是易于吸水，而且水合硫酸钙体积的增长被认为可能是导致木材表面破坏的原因（图 115）。盐爆发中铁的存在，与成千上万根原始铁栓和其他五金配件的腐蚀产物存在联系。当船沉没在水下的时候，这些组件就腐蚀了，然后渗入木材中。在一些位置，黄白色的盐出现在钉子或者栓孔的周围，特别是在那些被原有五金配件的铁严重渗入的区域，正如在一只海员的箱子上所显现的状况（图 116），都证明了盐的爆发与铁之间的联系。文件中的记

图 114　船上盐爆发的实例

图 115 盐爆发导致这件木质容器的表面崩裂了

图 116 在这个水手的箱子上，被源自原始五金件的铁严重污染了的那些区域出现盐的爆发〔拍摄：洛维萨·达尔（Lovisa Dal）〕

录表明，早在 1963 年，就在一件雕刻上发现了相似的白色沉积物，虽然沉积物被确认为铁的盐，但是没有采取进一步措施。在 20 世纪 70 年代，虽然意识到木材中存在大量的、源自铁栓和五金配件腐蚀物的铁，具有潜在的风险，但拉尔斯·巴克曼（Lars Barkman）认为铁是不活跃的。而暴露在氧和水分中差不多四十年之后，看起来情况已经与之前大相径庭。

硫的存在则更加令人困惑，提出了不同的理论进行解释，包括假定硫是作为一种保护剂，有意施加到船的外部。曾在地中海的古代船只上发现一些证据，可以支撑这一猜测。虽然这种方法 17 世纪在瑞典被实际应用过，但在 17 世纪 20 年代左右并没有采取这样的措施，斯德哥尔摩的造船厂也没有大量采购硫的账目记录，而这些账目是非常详细的。此外，盐爆发的位置也不支持这一理论。当保护人员对船的整个表面进行详细编目时，他们发现盐的爆发遍布船的内部以及木质文物上，但是在船的外部，当低于某一条线的时候，一处盐的爆发也没有发生，这条线与港口底部的淤泥深度相一致（图 117）。这一结果强烈表明，硫有可能来源于船周围的水，而不是有意地施用。

根据桑德斯特伦（Sandström）的研究结果，在过去的几个世纪，大量富含硫的天然污水在斯德哥尔摩港口累积，急剧地降低了水中的氧含量。一般来说，低氧水平利于阻止细菌生长，但正如第二章所解释的，硫酸盐还原菌可以在低氧环境中生存下来，这些细菌利用硫酸根离子中的氧进行新陈代谢，将污水转化为硫化氢，而硫化氢可以累积在木材中。在水下的时候，这种状况限制了微生物的进一步攻击；而船一旦提升，木材暴露在博物馆中的湿分和氧氛中，木材内部的硫化氢就通过化学或者生物的作用转化为硫酸。据猜测这种反应在瓦萨号被打捞

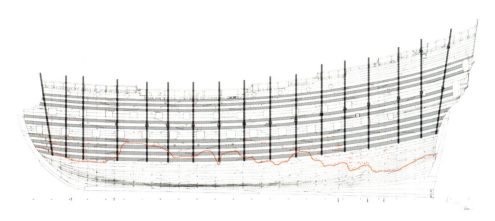

图 117 左舷外侧盐爆发的延展（绘图：弗雷德·霍克（Fred Hocker），修改自埃娃 - 玛丽·斯托尔特〔Eva-Maria Stolt）绘制的原图〕

出水之后不久就发生了，但在喷淋处理时，高湿的条件阻止了沉积物在表面形成，也有可能最初作为杀菌剂加入的硼酸盐中和了一些酸。根据保护委员会在 20世纪 60 年代和 20 世纪 70 年代的会议记录，硼砂看上去好像在浸泡槽中消失了，非常令人迷惑。虽然当时经过讨论，也认为中和可能是一个原因，但到底是与什么酸性物质发生中和，从未被全面地澄清过。在 20 世纪 90 年代，也报告了几处孤立的盐爆发，但直到 2000 年夏季以后，盐的爆发才成为一个特别广泛存在的现象。推断认为博物馆的环境系统无法与大量的观众相匹配，导致了湿度的增加，过量的水分被吸收在木材当中；当湿度在下一个秋季降低到正常水平，过量的水分从木材中蒸发，就将酸性的盐带到了表面，形成了可见的盐爆发。

研究项目：保存瓦萨号

2001 年研讨会作出的结论之一就是需要开展全面的研究，以确定盐爆发发展过程中所涉及的因素，并提出补救性的预防措施。从瑞典的几个机构寻找到资金支持，包括瑞典国家遗产委员会（Swedish National Heritage Board），瑞典银行三百周年基金〔Bank of Sweden Tercentenary Foundation（RBJF）〕，瑞典环境研究委员会（Swedish Research Council for Environment），农业科学和空间计划理事会〔Agricultural Sciences and Spatial Planning（FORMAS）〕，瑞典战略研究基金〔Swedish Foundation for Strategic Research（SSF）〕以及瑞典创新局〔Swedish Agency for Innovation System（Vinnova）〕。在 2003 年，批准了 1100 万 SEK 的经费用于开展为期三年的研究，项目的名称是"保存瓦萨号"（Bevara Vasa）。隆德

大学的无机化学家拉尔斯·伊瓦尔·艾尔丁（Lars Ivar Elding）受邀作为项目的协调人，按照要求征集了一些项目建议书，从中选择了五个项目进行资助，就这一问题的各个方面开展研究。

微生物的作用

首先需要解决的问题之一是酸性盐的爆发是基于化学的还是生物的过程。显微观察确认，当船在水下的时候，纤维素的微生物降解发生在木材外层的10~20mm，降解过程由腐蚀菌和硫酸盐还原菌引起，这些过程后来被斯德哥尔摩大学的伊冯娜·福什（Yvonne Fors）在实验室的条件下重现（图

0.04 g SO$_4^{2-}$　　0.08 g SO$_4^{2-}$　　0.12 g SO$_4^{2-}$

图118　在实验室实验中还原港口底部富含硫的条件〔拍摄：© 伊冯娜·福什（Yvonne Fors）〕

118）。微生物是否与表面盐爆发的发生有关，这一问题的研究由英国普茨茅斯大学（Portsmouth University, UK）和乌普萨拉的瑞典农业科学大学〔Swedish University of Agricultural Science, Uppsala（SLU）〕共同进行。通过进一步的研究，他们发现，没有证据表明微生物能够在相对干燥的博物馆环境下产生硫。微生物利用木材进行新陈代谢所需要的含水率至少为20%，这样的条件在干燥阶段可能曾经存在过，但是在博物馆的环境下不存在。根据样芯分析的结果，瓦萨号木材的含水率在8%~12%之间，这一含水率值太低了，难以支撑博物馆条件下微生物的活动。通过先进的DNA和RNA技术，普茨茅斯大学的微生物学家鉴定出很多曾经活动于木材中的菌种，但是在项目很早期的阶段就得出了关键的结论：盐爆发的发展不能归因于微生物，因此，这项研究就没有再继续开展。

硫的作用

马格努斯·桑德斯特伦（Magnus Sandström）和他在斯德哥尔摩大学的团队，采用先进的同步辐射（环形粒子加速器）分析技术，对不同形态的硫及其在木材中如何分布进行了检测。他们的结果表明，在木材外层的10mm~20mm，硫和铁的含量很高，而这一区域经历了微生物的侵蚀。硫被发现既存在还原态，如

与木质素键合的硫醇，也有固体颗粒，如木材空腔中的硫铁化合物。此外，这一团队在其他沉船中也发现了相似的硫铁化合物沉积，这些船的地理位置分布非常广泛，例如英国的玛丽·罗斯号（Mary Rose），荷兰的东印度人号（East Indiaman），西澳大利亚的巴达维亚号（Batavia），以及瑞典南海岸的皇冠号（Kronan）。这些船都并没有沉没在受污染的港口中，而都是在海水中发现的。他们都含有少量的硫（重量比 0.1%），硫以硫酸根离子的形式存在。这说明，对所有在低氧海洋环境中发现的饱水考古木材，硫铁化合物的产生都可能是潜在的威胁，这一事实，可能对于很多其他沉船保护项目具有广泛影响，而且自从这些结果被分享之后，一些项目确实考虑了这一问题。

铁的作用

同时，英格玛·佩尔松（Ingmar Persson）和他来自于 SLU 的团队，绘制了铁在木材中的分布图。他们的研究表明，不仅木材表面存在大量的铁，木材内部也有，成千上万根原始铁栓的腐蚀产物已经深深地渗透进木构件的内部。SEM 图像表明，铁附着在木材的细胞壁上（图 119）。与之相反，仅在木材的表面层发现了硫，那些部位之前发生了微生物导致的腐朽。

图 119　扫描电子显微镜展示了木材细胞壁上的铁（白色部分）〔拍摄：© 贡纳尔·阿尔姆奎斯特（Gunnar Almkvist）〕

铁可以在很广泛的氧化态下存在，但通常会形成 +2 和 +3 价的化合物。金属铁的腐蚀物会形成带正电荷的离子，首先是二价铁离子〔$Fe(II)$〕，如果氧的供应充分，会进一步氧化成三价铁离子〔$Fe(III)$〕。在瓦萨号木材的内部，主要是部分氧化的二价铁离子〔$Fe(II)$〕，而三价铁离子〔$Fe(III)$〕则倾向于存在于木材的表面。当铁从 +2 价氧化态转化为 +3 价氧化态的时候存在一种危险，就是可以作为很多降解反应的催化剂。从瓦萨号的木材中去除二价铁〔$Fe(II)$〕或使之失活的方法，是诸多讨论的焦点。通过与博物馆的保护人员合作，SLU 的团队开发了一种方法，采用强效的络合试剂——一种可以与金属离子强力结合的化合物，从考古木材中脱除铁（后续讨论）。

PEG 降解

当最开始出现酸的问题时，一些外界的评论人员猜测，酸可能来源于保护试剂 PEG 的降解，因而将瓦萨号的状况作为一种理由去兜售其他的处理方法。虽然最终这种猜测被证明是对盐爆发原因的一个错误评估，但 PEG 绝不是完美无瑕，它可能会降解，分解为短链的聚合物，导致木材具有更强的吸水性，而聚合物的活性端基也可以形成甲酸。

SLU 的团队和另外一个来自于丹麦国家博物馆保护部的团队，研究了 PEG 在瓦萨号木材中的功能。通过研究模型分子〔四缩乙二醇（四甘醇）〕（tetraethylene glycol）以及瓦萨号使用的 PEG 样品，丹麦的团队证实，甲酸可能是 PEG 缓慢降解的产物，但他们认为瓦萨号的 PEG 在博物馆的条件下是相对稳定的，预估的半衰期为几千年。SLU 团队的观点则有所不同。他们检测了一些船上提取的样芯中的 PEG，分析表明，在木材内部区域，主要是低分子量的 PEG，他们相信那是 PEG 降解的标志，而不是由于色谱分离的原因（短链比长链更易于渗透到木材的深处）。他们的理论是，在木材的内部区域，可能由于存在高含量的二价铁离子〔Fe（Ⅱ）〕，PEG 的分子链会发生无规断裂。虽然这种情况在某种程度上更令人担忧，但两个团队都同意，在最为富集的表面区域 PEG 是稳定的。相对于表面区域来说，由于内部区域的 PEG 量极少，总体的结论是，即使 PEG 发生了降解，相对于其他正在发生的降解过程也无关紧要。基于这一原因，在项目结束的时候，决定相应缩减船上 PEG 降解的研究。然而，考虑到瓦萨号的器物都用加热到 60℃ 的 PEG 溶液处理过，这一问题仍悬而未决，博物馆的保护人员和来自于 SLU 的贡纳尔·阿尔姆奎斯特（Gunnar Almkvist）继续开展 PEG 的稳定性研究。

木材的状况

对比研究瓦萨号橡木和新鲜橡木的样品，以及其他 17 世纪沉船的饱水橡木样品，结果表明，瓦萨号木材纤维素的状态（以聚合度为指标）显著下降，而且看上去，当船一被打捞上来之后就发生了，当然必须指出，这些研究仅基于非常少量的样品。与提出的 PEG 降解机理一样，纤维素的降解也归因于二价铁离子〔Fe（Ⅱ）〕的存在，二价铁离子〔Fe（Ⅱ）〕在这些反应中起到了催化剂的作用。在对 PEG 降解的研究中，阿尔姆奎斯特（Almkvist）发现瓦萨号木材的内部区域铁含量高，而纤维素降解严重，同时有机酸的含量出乎意料地高，存在甲酸、乙酸、羟基乙酸，特别是草酸，而在这些内部区域没有发现有硫酸。由于在表面和内部区域发生的降解机理不同，对瓦萨号木材内部所发生情况的设想进行了修正。

独立于化学研究，瓦萨博物馆承担了另一项任务。KTH 的工程师约纳斯·永达尔（Jonas Ljungdahl）应邀去检测瓦萨号橡木的力学性能，为改善船体的支撑体系做准备。他的初步工作表明，与相同含水率和密度的新鲜橡木相比，瓦萨号木材的强度严重降低。这些发现将在第 11 章详细讨论，其结果凸显了这样一个事实：通过力学和化学研究相结合，可以更准确、更完整地了解船体的整体降解状况。

研究项目：瓦萨号的未来

基于第一个研究项目在 2006 年所得出的结论，一个国际专家组受邀来评估研究结果。专家组认为研究的质量很高，但是同时也指出，一些问题依然存在，应当寻求进一步的资助，继续深入开展某些方面的研究。瑞典国家研究委员会〔Swedish Research Council（Vetenskapsrådet）〕，瑞典战略研究基金〔Swedish Foundation for Strategic Research（SSF）〕和瑞典创新局〔Swedish Agency for Innovation System（Vinnova）〕慷慨地资助了另外 1030 万 SEK，以开展一个新的三年期项目：瓦萨号的未来（En Framtid för Vasa）。这一项目从 2008 年开始，到 2011 年结束，此次参加的团队较少，而且非常明确地要求，力学性能研究要与化学研究相结合。

到这一阶段，研究主要集中于木材的纤维素组分，已知当船还在水下的时候纤维素就部分降解了，特别是在表面层。KTH 的木材化学和纸浆技术系承担了一个短期的研究，去检测木质素的状况。对于少数几个样品的检测结果表明，瓦萨号木质素的状况与新鲜橡木相当。然而由于木质素决定了木材的刚性和抗压性能，因此最好进一步开展这方面的工作，以便更好地了解整艘船的总体状况。

木材内部的纤维素是否降解了？这一主要问题尚未有答案。据推断在船体打捞上来之后纤维素降解就开始了，而且还在继续进行。如果事实果真如此，速度是怎样的？降解程度如何？或者说主要的降解已经发生了吗？有机酸的存在，特别是草酸，是引发关切的一个原因。草酸很可能是木材组分半纤维素降解的产物，一旦形成草酸，可能通过自催化的循环促进木材的进一步水解（通过水的加成反应使化学键断裂）。高含量的草酸、高浓度的二价铁〔$Fe(II)$〕和纤维素降解之间具有密切联系。既含有铁，又含有大量硫的木材样品降解程度较低。有一种理论认为，具有还原性的硫的化合物作为一种牺牲剂或者抗氧化剂，阻止了某种强氧化过程。不幸的是，对于保护人员来说，硫聚集在木材的外部区域，而不是内部区域，而在内部，抗氧化剂的特性实际上可能更为有益。

加速老化的研究

为更好地理解降解的速率，来自于 SLU 的贡纳尔·阿尔姆奎斯特（Gunnar Almkvist）和沙欣·诺巴赫什（Shahin Norbakhsh）与来自 KTH 的英厄拉·比尤哈格（Ingela Bjurhager）开展了一系列模拟实验。铁的化合物被灌注到新鲜的橡木样品中，然后暴露到不同浓度的氧、相对湿度和温度下，再将这些样品用于力学性能测试和一些化学分析。结果表明，在刚刚接触铁的时候，纤维素的降解就迅速开始，但随时间的延长而减慢。不幸的是，由于存在太多竞争反应，很难将模型实验的结果应用于瓦萨号木材中正在发生的情况。虽然有可能由含铁化合物导致的主要的降解已经发生了，但由于木材深处存在大量的有机酸，可能会引发纤维素进一步的酸水解。

力学性能测试

英厄拉·比尤哈格（Ingela Bjurhager）在永达尔（Ljungdahl）的工作基础之上，用标准的方法和测试技术测试了瓦萨号橡木的力学性能。为了得到有意义的结果，需要从船上的关键位置提取具有统计意义数量的样品，而一系列的、具有统计学意义的实验需要大量材料。比尤哈格（Bjurhager）开发了一种方法进行等比例缩减的测量，降低了样品的需求，避免了从船上提取大量样品，这一部分工作及其结果将在第 11 章讨论。

氧的消耗

由于考古木材中大部分化学反应需要直接或间接地消耗氧，说明耗氧量的测量可能有助于理解木材内部的降解速率。丹麦国家博物馆的研究人员，亨宁·马蒂森（Henning Matthiesen）和马丁·莫滕森（Martin Mortensen）借鉴土壤化学的研究，采用一种创新的方法去测量氧的消耗。瓦萨号木材的样品、新鲜木材和其他参考材料，以及一个由荧光染料制成的光敏传感器放在已知体积的透明密闭容器中（小玻璃瓶或特殊的塑料袋），经过一段时间后，通过在容器的外面放置一个特殊的探针进行测量。探针发射特定波长的光，由小瓶内的染料传感器探测，染料传感器受激发射另一个波长的能量，通过一个外部的探针测量（图120），其中的差异对应着传感器处氧的浓度。

图120　测量瓦萨号木材样品的耗氧量〔拍摄：© 马丁·莫滕森（Martin Mortensen）〕

经过三个月的测试之后，获得了初步的结果。结果表明，渗透了二价铁的样品比参比样消耗更多的氧气，说明二价铁离子催化了耗氧过程。从这些实验当中计算得到，在室温和50%的相对湿度条件下，每克考古木材每天消耗大约1mg氧，但是这些特点与自然老化过程相比如何仍需继续研究。该方法测量的是总耗氧量，无法区分不同的耗氧过程，因此很难将其用于解释特征降解速率。在采用铁填充的木材模型开展的进一步实验当中，SLU的贡纳尔·阿尔姆奎斯特（Gunnar Almkvist）应用这一方法测量了氧的消耗。他的初步研究工作表明，瓦萨号木材中的氧消耗可能在减速，暗示着最严重的降解反应可能已经完成了。

取样的两难困境

将科学的程序应用于独特的文化材料的主要困境之一，就是取样问题。正如之前所提到的，如果需要获得可靠的数据，一个科学的结论应当基于可代表被研究材料的、具有统计学意义数量的样品。矛盾的是，文化材料是一种独特、有限的资源，取样通常是破坏性的过程（图121）。此外，为回答不同的问题，需要采用不同的分析技术去分析不同数量的材料。例如，工程师研究结构的力学行为需要的材料，比化学家细胞水平的分

图121　前木工组长奥西·格伦斯达尔（Ossi Grönsdahl）从船上钻取样芯

析所需更多。因此，存在一个困境：为了得到有效的结果可以牺牲多少材料？除了鼓励所有人参与到持续的对话，去讨论在需要回答某一特定问题时所需样品的适用性和数量，同时最大限度减少对器物侵入性的损害之外，我认为别无他法。

在像木材一样复杂的材料中，找到适用于所研究问题的样品也很重要。在瓦萨号的案例中，木材的状态起伏非常大：腐朽形态的变化范围很宽，PEG 的含量和类型变化很大，存在硫和铁。要小心谨慎地得出结论，不能把结论建立在很少量样品或者是保护历史不确定的样品基础之上。即便有大型的、复杂的器物，例如一条船，可以提取更多样品，但当从少量样品外推结论至整个结构上时，仍建议要谨慎小心。当制定取样和分析策略的计划以及解释结果的时候，木材树种的变化、不同用途所选择的木材品质、不同构件的应力载荷等问题都必须考虑进去。可能需要同时考虑最好和最坏的状态，才能确定木质结构可以承受什么样的条件。

监测木材中的化学变化

在 2000 年左右，发现盐的爆发之后，博物馆的保护人员对船的内表面和所有可能接触到的外表面进行了一次全面调查。先通过目测确认盐爆发的可疑区域，然后在该位置上滴一滴去离子水以溶解盐去测试 pH 值。将 pH 试纸或石蕊试纸放在润湿的表面，记录颜色的变化（图 122）。吸收了盐之后，石蕊试纸在酸性条件下会变成红色或橙色，中性条件下是浅绿色，碱性条件下是蓝色或绿色（图 123）。虽然试纸是一个相对来说较为粗略的方法，但是调查如此大的表面积，这是唯一实际可行的途径。总共确认了 2500 多个爆发点，这些点位被记录下来，拍照并登录在数据库里。

图 122　用石蕊试纸进行 pH 值测试〔拍摄：安内利·卡尔松（Anneli Karlsson）〕

初始的目标是每年追踪这些位置，以监测这些盐爆发点的发展情况。这项任务需要两个人用大约一个月时间去完成。在 2004 年环境系统升级之后（见第 9 章），显而易见 pH 值不再由于环境原因剧烈变化，仅仅一年以后就无法再检测到盐爆发点的变化，特别是通过石蕊试纸的方法。2008 年决定将点位的数量减

图 123　这块松木板的 pH 值大约为 1，酸性非常强〔拍摄：安内利·卡尔松（Anneli Karlsson）〕

少至总数的 20% 左右，分布在具有代表性的不同木料单元以及船上的位置，而且每五年测试一次。随着研究的推进，我们现在清楚地知道，表面的盐爆发不一定能够反映木材内部深层所发生的情况，因此我们现在开发更多合适的方法去监测木材深处酸的水平。2.1 万件木质器物的调查还在进行，截至目前，大约 40% 看起来在某种程度上被酸性的盐所影响，但盐的存在形式很广泛，有些是仅存在于表面的、白色的、可以刷除的沉积物，而有些则需要完全重新处理。总的来说，由于松木结构更为多孔，受到的影响比橡木更大。如果要考虑进一步的保护，很可能需要针对不同案例作出不同决策。

实用措施

中和技术

在盐爆发最早被注意到的时候，提出了一个应急方案，用碳酸钠和倍半碳酸钠的混合物喷淋或者用布蘸取溶液去中和酸（图 124）。这些位置随后被塑料膜覆盖，以减少蒸发。虽然开始酸被中和了，但效果只是短期的，几个月以后，很多点位又恢复到低 pH 值水平。随着研究继续进行，已经确认这一方式实际上起到了反作用，因为水被引入木材中，导致了新的酸生成，而且当这些点位变干的时候，会使盐析出到表面。出于这些原因，2005 年起没有再继续进行中和处理。有趣的是，最近的 pH 值调查显示，十多年之后，倍半碳酸盐的中和效应仍然很明显，一些点位的残余 pH 值是 7 或 8。

还建议了其他中和方法，包括应用悬浮在乙醇中的氢氧化钙或氢氧化镁的纳米粒子，这种方法成功用于中和纸张中的酸。其原理是纳米粒子会吸附到器物

上，保留在原位作为缓冲剂，以中和随后产生的各种酸。意大利的研究者们在 PEG 保护过的瓦萨号木材的小块样品上进行了初步实验。但是为了能让碱性纳米粒子渗入，必须去除 PEG，把器物恢复到饱水状态，当重新干燥的时候，具有开裂、收缩和变形的风险。纳米粒子处理是否可以与填充

图 124　英厄拉·弗雷特布拉德（Ingela Vretblad）在盐爆发的位置喷淋倍半碳酸钠溶液，这一处理从 2005 年起就没有再继续进行〔拍摄：萨拉·邦（Sara Bang）〕

处理相结合，还有待于研究。

　　通过将木材暴露在氨气中进行中和的方法，也在瓦萨号的材料上进行了测试。结果表明，氨气在木材中可以穿透大约 5mm~10mm，直达微生物降解的区域。但这是一种一次性的处理方法，处理后的材料必须储存在稳定的相对湿度下，防止新的酸生成。除了在博物馆中处理这艘船具有明显的实际困难外，中和处理看起来无法穿透得足够深，进入木材内部，达到有机酸形成且同时存在铁的位置，而那些区域被认为是瓦萨号目前最主要的威胁。

化学方法去除铁

　　在文物保护领域，应用过一些方法从有机材料中去除铁的腐蚀物，包括草酸盐、柠檬酸盐和乙二胺四乙酸（EDTA）。但这些化合物一般都不是非常成功，不能溶解所有铁的化合物。在项目研究的早期，SLU 的化学家决定测试两个与 EDTA 相似的化合物，它们的缩写是 DTPA（二乙基三胺五乙酸）（diethylenetriamine pentaacetic acid）和 EDDHMA〔乙二胺二（2- 羟基 -4- 甲基苯乙酸）〕〔ethylenediamine bis（2-hydroxy-4-methylpenyl）acetic acid〕。所谓的螯合试剂（源自希腊语 chelate，意思是爪子）是一些带负电的笼状结构化合物，可以与带正电的金属离子形成很强的络合。最初的灵感来自于土壤化学的应用：铁和 EDDHMA 的络合物，作为一种农业用的微营养剂，用于促进柑橘树在富含碳酸盐的碱性土壤中的生长。在 pH 值较高的条件下，所有天然来源的铁都不可溶，

因此这一配方的作用是提供水溶性的铁的络合物，可以将铁缓慢地释放到土壤中。在瓦萨号材料的实验中，所采用的思路是逆向进行这一反应，由生产商阿克苏诺贝尔（Akzo Nobel Rexolin AB）提供的不含铁的 EDDHMA，可以非常强力地与木材中的铁离子相结合。也测试了 DTPA，与 EDDHMA 不同，DTPA 是商品化的，虽然有效性稍差。

在实验中，铁污染严重的瓦萨号木材样品被浸入到 1%~2% 的 DTPA 或 EDDHMA 溶液中。化合物渗透进木材中，与铁形成键合。一旦铁的络合物形成，溶液颜色就会发生改变，EDDHMA 溶液会变为深红色（图 125），而 DTPA 的溶液则变为黄色（图 126），很多时候变化在几分钟之内就会发生。溶液的碱性很强，可能会损坏木材，因此必须定期监控 pH 值，通过加入一些酸，例如盐酸来调节，以保持 pH 值在 9 左右[14]。在过程开始的时候，由于化合物迅速消耗，必须非常有规律地补充溶液，但是补加量随时间延长而减少。颜色的变化为何时更新溶液提供了指示。定期监测脱除溶液中铁的含量，当铁含量稳定了，就认为脱除完成。处理之后，木材彻底清洗以去除残留的化合物，但是由于木材又恢复到饱水状态，必须重新用材料填充以及防止收缩。在瓦萨号的案例中，木材用

图 125　当与铁结合的时候，EDDHMA 溶液颜色变为深红色〔拍摄：洛维萨·达尔（Lovisa Dal）〕

图 126　DTPA 溶液颜色的变化表明形成了 DTPA 和铁的络合物

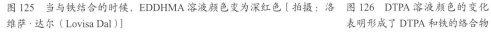

[14]　实验中使用的试剂为 DTPA 钠盐，EDDHMA 则加入 NaOH 使之溶解，因此溶液均为碱性。见 Almkvist and Persson 2008a（译注）。

PEG 填充之后冷冻干燥（图 127）。

几年以来，对瓦萨号的材料进行了一些铁的脱除实验，并且优化了这一方法，得到了积极的结果。不仅仅是铁，其他可以被络合试剂溶解的材料也都被去除了，包括 PEG 和硫酸盐，因此，络合试剂方法可以看作是一种优异的清洗处理。

图 127　保护人员马林·萨尔斯泰特（Malin Sahlstedt）准备用 PEG 填充脱除铁后的器物（之后进行冷冻干燥）〔拍摄：安内利·卡尔松（Anneli Karlsson）〕

虽然做了一些尝试，通过搅拌或提高温度去提高脱除效率，但是看起来，关键因素是化合物渗透进木材中的速率，以及木材中铁的含量和铁在木材中的深度。在实际操作中，即使对于仅仅几个厘米厚度的木材来说，也需要几年时间，化合物才能达到木料的内部。因此对于较厚的器物来说，需要额外的时间以使脱除试剂达到木材的内部，此时衡量化合物的费用、人员和实验室的设施等，这一方法在经济上可能不具可行性。这一处理方法并不适用于所有案例，而且在处理之前，器物需要被仔细检查和记录，因为对于一些问题，例如器物的制造或历史，或这一器物与其他器物之间的联系，金属污染可能提供重要的诊断信息，因此，必须在去除铁的优势与有可能损失信息之间进行衡量。对于那些可能含有颜料的器物也需要考虑，因为很多颜料是金属基的，可能会在处理过程中被去除。最后必须牢记，重新浸湿一件器物也会对本就很脆弱的木材造成很大的应力，因此铁的脱除和进一步的保护，可能仅适用于较为坚固的器物。

结论和启示

由于盐爆发的出现，几年间投入了密集的研究，以提高我们对于瓦萨号木料内部所发生过程的认识。虽然研究初始阶段聚焦于木材表面盐的爆发，但是对于高含量的含铁化合物、有机酸和木料深处纤维素降解的研究表明，情况比我们最初所意识到的要复杂得多。实际上，对于器物来说，表面木材的破裂是一个更大的威胁，因为表面会发现很多文化和历史信息（颜料、装饰、雕刻和工具痕）。

另一方面，内部木材强度的损失显然对船体木料具有很大影响，船体木料必须承受它自身的重量，船体结构的失效可能导致灾难性的结果。出于以上原因，对于船体和器物有必要采取不同的保存策略。

对于小型器物来说，必须完成现状调查以了解问题的严重程度，必须开发处理表面盐爆发的技术，或者是中和酸、或者是去除铁的腐蚀产物、或者是使之失活，包括一些非水性的或者可以在爆发点局部使用的方法。虽然还必须评估使用螯合剂的长期影响，但通常来说去除铁被认为对器物的长期保存具有积极作用，而且也推荐用于那些刚刚被发掘的、无论如何都要进行保护的材料。如果保护器物之前，要重新浸湿，就必须要小心谨慎，因为不一定能够充分了解器物之前的保护状况，有可能填充试剂就是器物还能够成型的原因。然而仍需要寻找中和酸的方法，以去除或者是稳定木材深处的含铁化合物。瓦萨号的器物现在储藏在非常稳定的环境条件下，大规模的再处理目前不在考虑范围之内。

关于瓦萨号的船体，由于尺寸巨大，虽然木材深处正在发生主要的降解反应，但现有的保护处理方法也无法到达木材深处，因而实际可供选择的处理方法非常有限，取而代之，焦点应放在预防性保护策略上。在 2004 年采取了一个最重要的预防性保护措施——大规模地升级空调系统，以在船体周围构建尽可能稳定的环境，并降低湿分在木材之间传输的风险。环境稳定后，木料不再膨胀和收缩，也不会再引发船体的移动进而对连接处施加应力，这不仅有利于木材化学，也有利于船体结构的力学性能。

对木材化学的研究得出的结论是，对于船体的长期保存来说，改善支撑系统是关键性措施，支撑系统必须考虑到瓦萨号木材的状态随时间变化这一因素。不幸的是，由于难以在各种机理之间作出区分，很难去确定降解速率。这一领域的工作仍在推进，但是有一点非常明确，无论采用何种新的支撑结构，都必须具有足够的柔性，以应对未来几年可能发生的木材强度的损失。

由于主要的降解反应都是耗氧的，最终可能有必要把船和器物都储藏在玻璃后面，放在惰性气体，例如氩气中。目前，这还不在考虑范围之内，因为瓦萨号必须能够靠近，以完成每天的各种保护和监测任务，而且在船达到结构稳定，并安装一个新的支撑系统之前，似乎也不会采取这种方式。此外，瓦萨号作为一个博物馆的展览，之所以吸引人的一个主要原因，就是参观者可以与 400 年前的船只分享同样的物理空间，如果瓦萨号被放在玻璃后面，这种效应就会大大削弱。尽管如此，下一代保护人员可能不得不考虑这一选项。

参考文献 / 注释

盐的爆发最早在 20 世纪 60 年代早期就被观察到。卡罗林卡萨研究所（Karolinksa Institute）的 Diego Carlström 进行了分析（SMM 档案中的信件日期是 1963 年 7 月 19 日）。

巴克曼非常清楚地意识到了铁的问题，见他在 20 世纪 70 年代提交给位于格林威治的大英国家海事博物馆的论文（见 Barkman 1975a）。

瓦萨号木材化学的研究项目发表了大量文章。从保护人员的角度对于这项研究进行的综述见 Elding 2010，2011，以及 Hocker 2006，Hocker，et al. 2009 和 Hocker and Sahlstedt 2015。

硫的研究见 Sandström et al. 2002，是首个关于该问题的重要研究，以及 Fors 2008，Fors et al. 2008，和 Sandström et al. 2003。

PEG 降解的研究见 Almkvist and Persson 2008a，2008b，Glastrup 2006，Glastrup et al. 2006a，2006b，和 Mortensen 2009。

铁在木材中的影响见 Almkvist et al. 2004 和 Almkvist and Persson 2006，2008a，2008b，2011。

木材降解的研究见 Bjurhager et al. 2010，2012，Dedic et al. 2013，Lindfors et al. 2008，Ljungdahl and Berglund 2007 以及 Sandberg 2011 对于木质素的研究。

Fors 2009 和 Fors and Richards 2010 研究了氨中和的效果，Giorgri et al. 2005 描述了纳米粒子中和处理方法。

氧测量的研究见 Matthiessen and Mortensen 2010。

第九章

稳定博物馆的环境

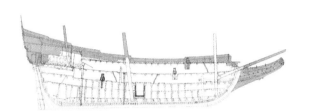

导致木材上盐爆发的因素之一，是博物馆内湿度的波动。木材自身的结构天然含有水分，而且不断地根据周围环境进行调节，随湿度的变化吸收或者释放水分。如果湿度下降，木材会向空气中释放水分，最终会导致收缩、开裂或变形；相反，在高湿条件下，木材会吸收额外的水分并且发生膨胀。如果湿度在较长时间内保持在 70% 左右，有可能会促使霉和其他微生物在木材上生长。

波动的湿度是有害的，因为这样会导致木材内部的膨胀和收缩交替进行，当木材被填充另外一种材料，例如具有吸湿性的 PEG，湿度的波动就更加成为一个问题。湿度周期性地波动，会导致溶解的盐在木材表面传输，这也是瓦萨号盐析爆发形成的原因。同时，一个复杂的三维结构——例如一艘船，由上千个木构件建造，彼此连接在一起，木材纹理的角度各不相同，因而对湿度的变化也非常敏感。由于木材在不同方向上的性质不同（各向异性），这些构件在不同的方向上膨胀和收缩，会在它们彼此连接的位置形成应力。

在木材的保存中，温度虽然是较为次要的因素，但是较暖的空气中可以保留更多的水汽，进而影响湿度，这也是使用相对湿度（RH）这一定义的原因。相对湿度的定义是在特定温度下，空气当中实际的水蒸气量相对于该温度下空气中饱和水汽量的百分比；绝对湿度则为单位体积空气中水蒸气的量。一般来说，优选低温条件，因为低温下化学反应速度减慢。对于无须定期进入的库房来说，低温是可以接受的，但是博物馆展示空间的温度通常都会选择令观众感觉舒适的温度。

博物馆环境系统的历史

永久性瓦萨博物馆的规划开始于 1985 年，当时临时建筑功能的不足仍令人记忆犹新。由于开放展示空间巨大，容纳了 75000 m³ 的空气，建筑设计需要对如此大的空间进行环境控制（图 128），工程师们面临着巨大的挑战。此外，桅杆的高度（地面以上 36m）意味着非常有可能产生温度梯度以及由此派生出湿度梯度。经费也是一个问题，因此采取的方案是将调节过的空气集中，在船的周围形成一定水平的相对湿度和温度；只要能够避免严重的波动，自然产生的梯度也是可以接受的。展览区间优先度较低，那一区域大部分器物都被保护在展柜中，

图 128　因为天花板很高，船摆放的位置不对称，展示空间的环境调控变得更为复杂〔拍摄：安内利·卡尔松（Anneli Karlsson）〕

但是在电影院和第一层展览区安装了额外的换气系统。那时候，有关 PEG 处理后木材含水率的可用信息很少，因此保护人员利用了从新鲜云杉所获得的含水率数据来制定博物馆相对湿度的建议方案。对于船体的上部来说，可以接受的最小木材含水率是 10%，而在下部是 11%（相当于大约 20℃下 60%RH）。然而，基于在临时建筑中所遇到的问题，有人担心，建筑的墙上冬季会产生冷凝水，因此在十月到四月期间，环境的温湿度值被调整为 17℃和 57%（后来提高到 58.5%），而五月和九月是过渡期。这种季节性的差异，后期被逐渐淘汰，因为那时已经很明显，永久性建筑的绝热水平得到了提升，并不存在临时建筑那种程度的空气泄漏。

为过滤、除湿、加热或冷却空气，环境系统设计运转如下：空气在地下室的环境调节设备中被调节到预先设定的温度和湿度，然后以速率 90000m³/h（20m³/s）通过船下部 20 个鼓形的排风口。空气在船体周围流动，然后在博物馆东南墙上天花板附近的一个大洞排出，继而返回到调节设备被重新过滤和调节。这样运行的换气次数是 1.2 次每小时，从观众舒适度的角度来说，认为是可以接受的。调节的空气也通过 1982 年安装在船底部的排气口被输送到船体的内部，并通过喷嘴排出，这些喷嘴由瑞典皇家理工学院的本特·永奎斯特（Bengt Ljungqvist）专门设计，以使得空气最终能够在所有方向上分布。1990 年，木材的含水率仍有 15%，因此要求进一步干燥。为了监测船上的环境，在船体上永久性地安装了 21 对传感器，另外还有 10 个便携传感器，必要时可以四处移动。进入博物馆的所有主要入口，都安装了双重或三重门作为空气缓冲区，以减少调解后空气的泄漏。

改善环境的原因

实际上，环境调节系统从来就没有尽如所期地起到作用。环境调节系统容积的设计是基于到临时博物馆参观的游客数量，大约是 60 万人每年。然而没有人能够预料到新博物馆受欢迎的程度如此之高：在整个 20 世纪 90 年代，每年观众的数量从未少于 75 万，超过预计数字的 25%~30%（图 129）以上。环境调节系统不得不异常艰难地运转，努力去克服由于人员增多所导致的、不可避免的湿度增加。但是这样做的结果，就是船体周围湿度大幅度地波动，而这也恰恰就是博物馆所期望避免的。博物馆的导游关于建筑内空气质量差的投诉，也已经触发了

图 129　在一个平常的夏日来到博物馆参观的游客〔拍摄：安内利·卡尔松（Anneli Karlsson）〕

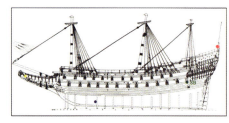

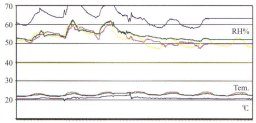

图 130 2003 年 7 月 14~20 日的环境读数，可以看到相对湿度极不稳定〔绘图：洛维萨·达尔（Lovisa Dal）〕

讨论，准备去提高博物馆的空气交换程度，但正是瓦萨号木材上盐爆发的意外发现，才导致对该项目开展大规模的重新评估。

虽然瓦萨博物馆对船体负有责任，但是建筑和环境调节设备并不归其所有，这也使得形势复杂化。对建筑和环境调节设备负责的机构是瑞典国有资产委员会（Swedish National Property Board），他们最开始不愿意接受所存在的问题，因为他们那些位于环境调节设备中的传感器，所记录的仍旧是目标温度和湿度。与此相反，博物馆直接安装在船体上的传感器，则显示了非常不同的数值。例如在底舱里，通常显示的相对湿度在 70% 以上，而那些在桅杆顶端的读数则规律性地降低到相对湿度 45% 以下（图 130）。

最终决定深入探究这一问题，通过雇用咨询顾问——Energo AB 公司，对现有系统进行了一次全面评估。结果发现，在船体内较低的区域和船艉桅杆等较高的区域之间，至少有 10% 的相对湿度梯度。右舷船头的位置当时是博物馆的商店，而右舷的船艉则靠近餐厅，这两个区域也记录了大幅度的湿度波动，因为通向这些区域的后门经常敞开，以促进空气的循环，这就导致没有经过调节的气体进入博物馆的空间。对于观众聚集点的调查表明，关键的区域在

图 131 观众在参观船艉的雕刻〔拍摄：安内利·卡尔松（Anneli Karlsson）〕

参观的回廊，观众会聚集在那里欣赏装饰华丽的船舻（图 131）。20 世纪 90 年代，在这一区域安装了更强一些的照明，这也影响了温度和湿度。烟雾可视化试验表明，船体内的空气流不均匀，存在高湿度的小区域，特别是在下层的甲板。调查也揭示，船内大部分通风口都状态较差，并且存在泄漏。采用计算流体动力学进行了模拟，分析了夜场宴会，或者七月和八月游客峰值时期对于环境的影响，那时较暖的空气携带更多的水分，因此需要最大程度的除湿。

改善的环境系统

在 2003~2004 年，进行了环境系统升级的设计和施工，此时博物馆仍旧完全开放。为了在施工期间维持环境稳定，在主要参观入口安装了临时的空调单元。新系统的原理与旧的相似，但是做了重要的改进。与之前一样，调节过的空气从环境调节设备出来，通过船底部鼓形的通风口和船体内部的管路输送，在船的周围形成一层保护性的空气，然后这些空气通过东南墙上的大洞排出，返回到地下室最初的调节设备。在船的内部，保留了特殊的喷嘴和管路，但是管路缩短了，并且排布得更为对称（图 132）。空气流也被提升到每小时换气八次（基于底舱和

图 132　特殊的喷嘴使调制后的空气在船内尽量均匀分布〔拍摄：安内利·卡尔松（Anneli Karlsson）〕

底层甲板的总体积），以防止产生内部微环境。

对于系统的升级改造，一致赞同将目标温度维持不变，在 17℃~20℃之间（18.5±1.5℃），但平均相对湿度应当比以前的水平稍低一些，在 51%~59%（55±4%）之间，相当于木材的平均含水率为 10% 左右。设备的处理能力提升到在博物馆内任何时间段都可以容留 1500 人，与有效的安全管控措施所允许的人数一致。此外，基于咨询顾问的建议，博物馆规定应当安装一个备用电源，以防止电力故障。虽然当时很多人都认为这一措施不必要，但后来，在至少三次斯德哥尔摩中心区域大范围停电事件中都启用了备用电源。

在船体周围容易出现问题的区域，还安装了附加系统去缓冲那里的环境。例如观众会聚集在船艉观赏精美的雕刻，因此在船艉处博物馆一面墙的高处安装了一个附加系统，以应对额外数量的观众（图 133）。还有额外的管路被巧妙地安装在船艉和右舷一侧的参观回廊。瓦萨号在这个巨大的开放博物馆空间内的位置是不对称的，使得左舷的环境控制变得更为复杂。由于经费原因以及担心破坏观众的体验，在初始计划中这片区域的环境通风口已经从原有系统中删除了，现在在

图 133 船艉独立的环境控制系统［拍摄：安内利·卡尔松（Anneli Karlsson）］

升级的系统中又将它们恢复了。现在的系统包括六条安装在船底板上 3.5m 高的管路，将调节后的空气引导到船的左舷。为了提升空气质量，至少 30% 的新鲜空气被混入到新系统中。对于博物馆和餐厅的工作人员，则强调了保持内门关闭的重要性。

监测环境

船体周围的环境用 42 个传感器不间断地监测，除一个以外，其余的都直接安装在船体上，分布在船内和船外。位于环境系统其他组成部分上的传感器，包括一个在建筑外部监测外部环境的，由国有资产委员会的工程师们监测。传感器（Vaisala HMP 230）的精度是温度 ±0.15℃和相对湿度 ±1%，被连接到船上独立的显示盒

图 134　安装在船上的环境传感器和显示盒

上，实时记录温度和湿度（图 134），数据也可以通过计算机读取。一些传感器被用作转向控制传感器去控制环境系统，经过反复调试后发现，将船下部的传感器和沿着船舷排布的传感器相结合，可以获得最好的控制效果。这样系统就可以进行自我校正，当传感器读数偏离了目标范围，就引入调节后的空气。如果平均相对湿度读数超过规定值的时长多于 10 分钟，就会触发警报，通知国有资产委员会的技术人员。

旧系统存在一个缺陷，国有资产委员会的计算机硬盘上仅能储存一周的数据。而数据记录一周之后，保护人员才能接收到打印的读数，可那个时候再作出调整就太晚了。新系统的优势是可以立即通过计算机获得实时的温度和相对湿度，并实时检查。可以对比船上不同位置之间的读数，或者经过一段时间以后，对比从几个小时到几年之间的数据。最重要的是，博物馆的保护人员和国有资产委员会对于同一个传感器都拥有相同的权限，因此数据不存在争议。

结果与经验教训

新系统在 2004 年 5 月投入运行，效果立竿见影。自 2004 年夏季以来温度和湿度的读数（图 135）显示，船体高处 10% 的相对湿度梯度立即减半，而夏季结

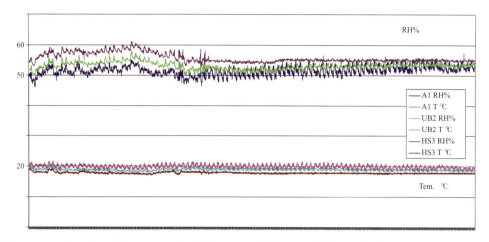

图135　2004年6月5日至9月12日的环境数据，可以看到向新环境控制系统的过渡

束的时候，相对湿度的读数稳定在平均大约52%~55%左右。在夏季的几个月，相对湿度和温度还有稍稍偏离的趋势，反映了较高的内部温度和更多数量的观众，但是这些读数仍然落在规定的限值之内。非常重要的是，消除了严重的波动。系统的功能的确非常有效，全船所有部位年平均相对湿度为53%±2%，而且在每一个传感器周围，每天相对湿度的波动都被减低到±2%，波动范围之小超过了所有人的预期。2008年，通过在博物馆内引入更高能效的照明，使得读数更加稳定。2012年，重新设计了博物馆的入口，并建造了新的展示大厅，展示大厅拥有独立的环境控制系统。这些措施使得容许进入博物馆的观众人数上限提高到每次2000人，即便如此，对于环境的数据也没有明显的影响。

　　保护人员可以检查数据，但是任何系统性的、技术性的调整必须由国有资产委员会的技术人员操作。该项目的一个积极结果是增进了博物馆与委员会之间的联系，因为我们全都参考相同的数据。委员会的技术人员和保护人员之间定期举行会议，以讨论怎样去微调环境控制系统，使得在船体保护和经济的可持续性两方面能够实现双赢。例如，在博物馆的入口处安装了一个人流计数器，同时有一个二氧化碳传感器，可以预估参观人员峰值，使得特定区域的环境——例如船艉，可以在峰值到来之前进行缓冲。一个热感应相机用于监测所有过热的组件，这样可以预先对维护作出准备。

　　更稳定的环境展现了一个很明显的优势，就是船上盐爆发的稳定。自从2004年以来，再也没有探测到严重的、新的盐爆发，那些pH值已知的点位稳定住了，这对于瓦萨号木材的化学过程有明显的正面影响。由于船体的尺寸太大，这可能是唯一能够采用的现实手段，可以在长期范围内处理盐的爆发。从结构的角度来说，由于含水率波动所导致的船体位移在很大程度上被消除了，仅需少量工作去调整船体和支撑托架之间的木楔。这也使得我们可以更好地理解正在发生的、其他形式的形变，并缩小可能导致形变的原因的范围。一个负面的影响是，相对湿度的降低和船体内气体流动性的提高导致了木料的进一步干燥，特别明显的是甲板板之间已经有超过 1cm 的缝隙，被船工插入到舷侧排水沟和船舷之间缝隙的、用于填充的木片，现在已经无法紧密贴合了。

虽然环境系统升级项目非常昂贵——费用在 5000~8000 万 SEK 之间（包括咨询费用和其他的费用）——但是就长期而言，运行费用以及对环境的影响降低了。例如原来烧油的锅炉被更便宜、更清洁的电热泵所替代，设备的三个冷却单元使用从斯德哥尔摩港口直接引入的冷却水。根据国有资产委员会的数据，每年节能约 10%~15%，达到 40 万千瓦小时。

尽管新的系统很精密，但安装之后不久就受到了一个与之有关的教训。一名博物馆的技术人员用一支干湿球温度计（一种相对精准但是耗时的方法）监测相对湿度，他报告，重复获得的读数比新环境传感器的数据高出 6% 以上（图136）。即便是考虑不同测量设备之间的细微差别，这个差异也很显著。在其中一个新的传感器被返回给制造商之后，发现它没有被正确地校准。如果替换所有传感器，将它们返厂校准，将面临着高昂的费用，因此保护人员购置了一台可移动传感器，在旅游旺季游客数量峰值开始之前由制造商校准，船上的每个传感器则根据这个新的、校准过的传感器单独校准（图137）。干湿球温度计仍偶尔使用，以确定相对湿

图 136　保护技术人员奥韦·奥尔森（Ove Olsen）用一个干湿球温度计测量相对湿度

图 137 可移动传感器经过工厂校正后，每年用其校正安装在船上的环境传感器〔拍摄：奥韦·奥尔森（Ove Olsen）〕

度的读数，特别是在校准之后。由此经验提出了一项建议：就是传统的方法不能被摒弃，不能完全用现代技术取而代之，而且博物馆的工作人员不应仅仅依赖于一套测量设备。

瓦萨博物馆新的环境设备证明，可以在体积巨大的空间获得稳定的环境，但是费用有可能超出大多数博物馆的预算。然而，瓦萨号具有将游客吸引到斯德哥尔摩的能力，这也是为什么这一项目的经费预算可以被政府通过的原因（政府负责监督国有资产委员会），也是博物馆可以承担随后委员会增加租金的原因。如果不考虑支出，所实现的稳定环境超过了保护人员、技术人员甚至项目咨询方的预期。瓦萨博物馆可能是环境可以控制到如此水平、世界上最大的公共空间之一；在这样巨大的空气体积中，湿度的梯度和每天的波动被降低到现有程度，可以说是一个奇迹。就长期的保存策略而言，稳定船体周围的环境可能是我们可以采取的、保证瓦萨号未来的首要措施。

参考文献 / 注释

Håfors 1997 列出了原有环境系统的利弊，Hoker 2010 描述了之后的系统升级项目。相关信息也可以在 SMM 的档案中一些没有发表的技术报告中找到，特别是 Energo 从 2002 年到 2006 年的项目日志。

第十章

监测和稳定瓦萨号

在 20 世纪 90 年代早期，当时认为船体的保护已经完成了，其表现就是缺乏任何连续性的保护计划和技术监督，至少最初是这样的。保护委员会（当时称为技术委员会）不定期召开会议，但是这些会议的焦点都是专注于讨论索具项目的情况。任何与船体有关的实际工作，往往都是由博物馆的木工出于自觉进行干预，而非完整保护策略的一部分。然而到这一阶段的末期，逐渐升级的船壳结构问题，以及环境方面遇到的困难凸显了一个事实：需要一个全盘的、一体化的保护策略。

在 1997 年，组建了瓦萨部（Vasa Unit）〔后期被称为船舶部（Ship Unit）〕，去承担保护船和藏品的责任，这是在瓦萨号打捞后，历史上首次将保护和研究的各个方面汇聚在单一的管理部门之中。尽管在这些年来名字不断发生变化，这个部门通常由 10~12 个人组成，包括考古学家、策展人、保护人员、船体结构专家、造船师和技术人员。在很多年里，由瑞典皇家理工学院的专家提供关于船体结构方面的建议，但是到 2005 年左右，决定在工作人员当中设置一个全职的结构工程师。2008 年，这个职位由工程师兼造船师安德斯·阿尔格伦（Anders Ahlgren）担任。寄望于这项工作可以提高船的结构整体性，之后不久，又有三位造船专家加入这支队伍。本章记述了从 20 世纪 90 年代到目前为止，所采取的各种稳定和监测船体的手段，这些手段反映了管理策略逐渐朝向于更专业、更积极主动的方向发展。

稳定船体的尝试

当把瓦萨号转移到新博物馆并移除保护罩之后，可以非常明显地看到，船体底部在托架的支柱之间发生了沉降；在底层甲板和下层炮台甲板的位置，船舷的一侧向外突出。船体重量过大，集中在数量太少、又没有正确摆放的支撑体上，船和支撑托架之间的接触面也远远不够。1994 年和 1995 年，做了一些尝试去减小这些变形——在原有的支撑体单元之间插入额外的支柱（图 138）。虽然这使得船体下的支撑加倍，但是几乎没有考虑到使支柱与内部的肋板相对齐，以将载荷从甲板转移到船舷。另外一个问题是，新支柱的上表面无法很好地与船体的轮廓相吻合，导致了非常大的缝隙，必须用些一木楔组件去填充这些缝隙。与之相反，船舷的支柱由博物馆的木工组长奥西·格伦达尔（Ossi Gröndahl）设计，与船体

图 138　20 世纪 90 年代中期，在支撑托架上增加了稍短的支柱〔拍摄：安内利·卡尔松（Anneli Karlsson）〕

的轮廓吻合得非常好。

　　同时，对原有的木楔组进行了评估。有一些由于重力和变形的影响卡住了，而其他的则仅仅是与船相接触。另外还发现在一些位置，使用了规则形状的边角木料，而没有采用楔形的木料，这些木块的表面是平行的，无法调整，而且很多都被卡在船板之间，导致了凹痕。有一些，特别是右舷一侧的，必须用凿子凿碎才能够移除。用新的木楔代替了这些木块，新木楔由花旗松（Oregon pine / Douglas fir）（*Pseudotsuga menziesii*）制作，这是一种比欧洲松木（*Pinus* sp.）更坚固的树种。在楔入之前，木楔在博物馆的环境中放置了几个月，以使之具有环境适应性。在那些年里，进行了几次木楔组的矫正。那是一项困难的工作，因为在一个位置校正了，就会移动其他位置的木楔。这项工作严重依赖于每一名木工的技巧，并且需要很灵巧的手以避免捶打得太用力。此外，由于无法测量所施加的力，或者对于整个结构的总体影响，有人怀疑这些手段可能弊大于利，在船体产生了局部应力，并且导致了变形。

　　20 世纪 90 年代早期，对于船体内部的检查表明，在上层炮台甲板和下层炮台甲板，横梁的中部塌陷了。在下层甲板和底舱，沿着中线排列着木柱去支撑

图 139 沿着船中线排布的铝质支撑体〔拍摄：安内利·卡尔松（Anneli Karlsson）〕

上面的甲板；而上层炮台甲板和下层炮台甲板与之不同，没有这样的支撑，推测可能是因为当时需要更大的开放空间去操纵火炮。1994 年，沿着炮台甲板横梁的中线增加了可以调节的铝柱，以辅助承担横梁的重量，并使之恢复原始的曲度（图 139）。然而，仍然需要不定期的手工校正，使支撑体和木料之间

图 140 铝制支撑体和横梁之间的轻木板〔拍摄：安内利·卡尔松（Anneli Karlsson）〕

维持良好接触。开始，这些铝柱顶部和底部都垫有橡胶垫，以保证铝柱与木材紧密接触，但是经过十几年以后，橡胶逐渐老化。2008 年，用薄的轻木板代替了橡胶垫（图 140）。轻木的优点是足够软，能够压成木料的精确形状，从而使载荷均匀分散，而且对酸性条件还具有耐受性。

当瓦萨号进入新博物馆的时候，船体周围终于有足够空间去完成左舷排水沟（甲板与船舷相交处的纵向加强梁）的栓固（见

图 141　露天甲板主要采用新的船板重建，仅使用了少量保留下来的原始甲板板〔拍摄：安内利·卡尔松（Anneli Karlsson）〕

图 52）。这项任务无法在临时博物馆内完成，就是因为那里船和建筑的墙面之间没有足够空间，无法插入 2m 长的螺栓，导致船的左舷缺少足够的刚性，无法适应甲板的额外重量以及索具所带来的额外载荷。这些工作在 1997 年与索具项目同时开展，还去除了紧邻舷侧排水沟的甲板板以获取通道，并从栓孔中清除了淤泥和铁锈。新的螺栓被切割成相应的长度，端头有丝扣去固定垫圈和螺母。使用千斤顶和木楔操纵木料，使之归位，螺栓用大锤捶入相应的位置。根据一位参加这项工作的木工龙尼·迈腾松（Ronny Märtensson）的说法，由于木料的干燥和出现瓦形弯，在一些情况下，即使两端的栓孔仍然保持不变，也必须在它们之间钻取新的孔。还作出了努力，将剩下的甲板格子板拼在正确的位置上。最后在 1999 年，采用保存下来的少量原始木板和新的松木板一起，铺设了露天甲板，新的松木板被染成轻微的黑色，以减少新旧木材之间的视觉差异（图 141）。

　　沉重的艉楼悬挂在艉封板的外面，是最令人担忧的问题。整个船艉结构逐渐沉降，导致艉封板上部的木料落在舵柄上，而艉柱的上端则突出到了上方的结构中。在 1998 年，被铁舵枢固定到艉柱上的舵下降了大约 7mm，那是舵所能移动的最大距离。两条钢索通过艉楼上的钢梁连接到博物馆的天花板上，以分担一些重量。每一条钢索都装配了紧索器和拉力计，最初的拉力是 1500kg，四年之后达到 1700kg，在博物馆天花板的容许范围之内（图 142）。如果钢索过载或者互相之间出现了不平衡，就会出现闪光报警。1998 年，在承担船艏斜桁和喙形船艏的绳索上也安装了一个载荷传感器。这一系统的缺点是拉力计必须由人工读取，这就需要有人足够靠近那些结构本已非常脆弱的区域，这种行为本身就影响了读数；此外，拉力计也无法记录拉力的变化。2008 年，在这些装置上安装了可以自动记录载荷的数字记录仪。然而最近发现，即使温度变化小至 1℃，所导致的金属索

图 142　安装在船艉廊道的金属索（照片的左侧）去支撑船艉沉重的重量〔拍摄：安内利·卡尔松（Anneli Karlsson）〕

的伸长也足够影响测量结果。

2002 年采取了另外一个手段去减轻船艉的重量，就是拆解并移除内部的家具和重建的主舱镶板。当初安装这些构件的时候，还认为有可能让观众上船参观。拆除这些构件大有裨益，改善了空气的流通，防止镶板后形成微环境，同时可以利用这个机会去检查这一区域螺栓的状态。大约在这一时期，底舱的压舱甲板也被移除了，由此减少了大约 10 吨重的木材。

尽管在 1998 年增加了承力的钢索，在后续的十几年里，瓦萨号沉重的船艉结构仍不断下沉，这导致了舵柄以及舵上部的巨大狮子雕像（文物编号 747）与上面的横梁发生了接触。为阻止进一步的破坏，原来在打捞过程中，由费尔丁（Fälting）切除的舵柄部分和狮子雕像，与舵上方的舱口一起被移除，使得舵的上端伸入了艉封板结构的下部。由于舵从船艉向外倾斜，舵的重量也在船艉结构上产生了侧向力。为了抵消这些作用力，安装了钢质支撑缆，把舵的上端连接到后桅下面的钢梁上（图 143），再通过缆索连接到支撑托架上进一步稳定。现在，必须要找到一个更好的方法，将重达 70kg 的狮子雕像安全地固定到船上。

图 143　绳索连接到后桅下面的钢梁，使舵保持在原位〔拍摄：安内利·卡尔松（Anneli Karlsson）〕

测量船体变形的尝试

自从瓦萨号被打捞上来之后，如何监测船体的运动和变形就是个不断被讨论的话题。20 世纪 60 年代，作为一种很有应用前景的技术，推荐了摄影测量法，但由于各种原因，这一方法从来没有在整个范围内测试；而且当船放置在旧博物馆中的那段时间里，船体周围缺少空间也导致这一方法无法实施。虽然在1963~1964 年，对船体进行了一次高标准的记录，但当时正在进行的重新拴固和重建工作，非常剧烈地改变了船体的形状，因此，直到这些工作完成之前，几乎没有再尝试重新进行记录。

20 世纪 90 年代晚期，探索了各种方法去测量船体的变形和位移，例如将铅锤安装在船上的钢索上，使之垂下来达到地板。其思路是铅锤相对于地板上参考标记的移动可以指示水平方向的位移，而线长度的变化会指示出垂直方向的位移。随后采用激光测距仪，测量了船艉和喙形船艏与地板和天花板之间的距离。在瓦萨号的内部，沿着船的中线，在三个位置垂直放置了电镀的金属测量杆，金属杆的基座直接坐落在龙骨下面的水泥浮船上。这些测量杆用毫米刻度标记，钢质的指针固定到每一层甲板、龙骨和舭部的木料上，用于确定甲板是否相对于这些标记发生了沉降（图 144）。

实际上，这些方法中没有一个能被证明是非常令人满意的。测量很容易受周围环境条件的影响；金属缆索随着时间延长被拉伸；仅在一些非常有限的点位记录了垂直或水平的运动，不可能记录三维的复杂运动，例如旋转或扭曲；而且由于这些系统互不相连，根本无法形成对于船体结构状况的全面了解或总结位移产生的原因。到 20 世纪 90 年代末期，显而易见，需要一个全面的三维测量系统。这个测量系统需要采用固定参考点，而且可以将船作为一个整体来监测。

图 144 垂直的测量杆被安装在船内，尝试指示船体的沉降量〔拍摄：安内利·卡尔松（Anneli Karlsson）〕

三维运动的测量

1999 年，博物馆接洽了瑞典皇家理工学院的大地测量和摄影测量系，希望开发这样一个三维测量系统。在米兰·霍雷穆兹（Milan Horemuz）的协助下，随后一年，建立了一个地测系统〔geodetic（地测）来自于拉丁文，geo 的意思是地球，desi 的意思是部分〕。这一系统假定建筑是稳定的，测量的是船体相对于建筑的位移。大约 350 个反射标靶被放置在船外的固定

图 145　测绘系统的反射棱镜〔拍摄：安内利·卡尔松（Anneli Karlsson）〕

点位，50 个反射棱镜安装在内部的特定区域。之所以选择棱镜，是因为它们可以向不同方向旋转，减少了所需反射点的数量（图 145）。使用一台全站仪或者叫激光经纬仪，去测量这些标靶与沿着建筑内部四周放置的、较远的固定点位之间的相对位置。博物馆内有大约 60 个这样的固定点位，此外在船的内部有 22 个。

为了开展测量，全站仪被放在博物馆地面上一个已知的参考点，并将其调整为水平。全站仪根据沿着博物馆墙壁放置的各个反射棱镜自动定位，然后聚焦在船的一个反射标靶上，自动记录它与标靶之间的距离和角度。在全站仪移动到下一站之前，测量尽可能多的标靶，然后重复这一程序（图 146）。最后，每一个标靶都从至少两个不同的参考点测量，提高了测量的精度，减少了误读数的风险。测量所得结果是一个复杂的点矩阵，可以与之前的（或者

图 146　用全站仪测量船体的三维运动〔拍摄：安内利·卡尔松（Anneli Karlsson）〕

不同时期的）数据相比较，去确定船体是如何随时间移动的。测量每年进行两次，每次通常需要大约 2~4 周才能完成。

基于可以回溯到 2000 年的连续的数据，可以得出结论：船体每年大约下沉 1mm，正逐渐压垮龙骨，特别是在靠近船艉的部位，由于船体自身形状的原因，那个位置集中了沉重的船艉结构所产生的载荷。尽管在 1990 年增加了额外的托架支柱，也没有阻止沉降的发生。测量也揭示了总体和局部的变形。船艉建造得向左舷稍微扭曲，而且近些年发现这种扭曲的程度在增加，部分原因是船两舷的沉降有差别，继而导致了桅杆逐渐向左舷倾斜；船舷的上部向内移动，右舷比左舷移动得稍多，在船艉的位置最明显；还显示艏部的转角正逐渐突出（图 147）。从积极的方面来说，通过这些数据可以确认，自从 2004 年环境控制系统升级改造以来，船体由于环境波动所产生的、季节性的运动已经逐渐降低。就船体的尺寸而言，这套测量系统可以说是非常精准的，精度为 ±0.6mm，但是由于这一精度往往在被测量的运动数值范围内，所以也很难通过精度来评估测量数据。此外，这些结果的可视化也是非常复杂的。

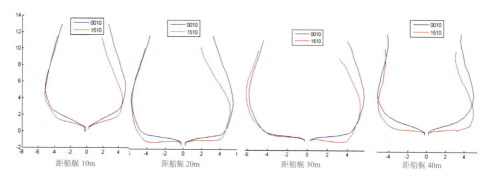

图 147　夸张的绘图展现了变形的趋势，视角是从船艉看过去，因此在每张图中右舷都偏向右。蓝线代表 2000 年 10 月测量的结果，红线代表 2015 年 10 月测量的结果〔绘图：安德斯·阿尔格伦（Anders Ahlgren）〕

改善船体和支撑体之间的接触

为尽可能地减少船体在垂直方向上的运动，在 2008 年，阿尔格伦（Ahlgren）最初是通过增加与船体接触的木楔组数量来改善船和托架之间的接触。此前，木楔组之间留有空隙，新的策略是将这些空隙完全填充，利用托架上所有可用的空间，包括连接支柱的纵梁（图 148）。这些手段有效地将船体和托架之间的支撑增加了三倍。

图 148　用新木材填补木楔之间的空隙

2010年，精力集中在改善龙骨下面的支撑体上，龙骨在龙骨墩之间的突出非常明显，而实际上，与龙骨墩接触的一部分龙骨已经被压碎了（图149）。很多橡木的龙骨墩已经干燥收缩，导致了将它们固定在原位的铁条和杆件之间出现了空隙。在一些部位，铁质紧固件已经完全腐蚀了，使得由一些稍小木块组成的龙骨墩发生了移动。为缓解这一问题，用新的、可调节的钢质螺杆支撑体填补了龙骨墩之间的空隙。在龙骨和支撑体之间插入一定数量的木板，使得它们之间能够形成良好接触。在龙骨的正下方是40mm~45mm厚的一层轻木，放在两层底面相正交的橡木上（图150），这样可以使木材的纵向方向相互垂直，获得最好的稳定性。所有使用的木材都在博物馆内部储存至少一年以适应环境。测绘证实，这些

图149　龙骨在龙骨墩之间的沉降表明龙骨在与龙骨墩接触的位置被压垮了〔拍摄：约纳斯·永达尔（Jonas Ljungdahl）〕

图150　新的千斤顶和木质支撑被插入到龙骨下面〔拍摄：安内利·卡尔松（Anneli Karlsson）〕

手段成功地降低了船体在垂直方向上的运动。

增强船体刚性

船体是通过木质的榫头、大木钉、木料之间的槽口以及铁栓的共同作用被固定住的，只有这些组件之间适当装配，这一系统才能起作用；各个组件通过相互之间的摩擦力被固定在原位，载荷才能被有效转移。然而在很多位置，由于木材已经收缩，木料之间的接触以及摩擦力降低了，因此载荷集中在螺栓上，而螺栓往往被迫承受相反方向的作用力，也就是剪切力（在下一章进一步详细讨论）。

20 世纪 60 年代的螺栓存在一个缺点，它们被有意制造得比原始螺栓直径稍小，这样可以很容易地插入湿的木材中。当时有可能认为随着木材的干燥，螺栓和栓孔之间的摩擦接触可以被改善。而且为了维持与木材的良好接触，传统类型的螺栓需要定期校正端头的螺母。在这些年里，螺栓的校正由不同的木工断断续续地进行，但从未试图去测量上紧每一个螺栓所需要的扭力。很多情况下，之前过紧的螺栓给螺母和垫片施加了压力，使之嵌进木材的表面。2008 年对螺栓进行了调查，去评估它们的状况和有效性。在大约 5000 根螺栓中，超过 80% 被上紧到扭力为 122Nm，以保证船体在开展任何其他工作之前具有足够的刚性，剩下的 20% 无法接近或者是锈蚀得太严重，在一些位置如果不破坏木材就无法上紧螺栓。螺杆的主要部分都腐蚀了，紧紧地粘在相邻的木材上，当木料继续收缩的时候，产生了不均匀的张力。

非常明显，在 20 世纪 60 年代，没有选择不锈钢，而选择了环氧涂层的碳钢是得不偿失的。毫不奇怪，暴露在这么多年的 PEG 喷淋、高湿度和木材中酸的条件下，碳钢的螺栓都腐蚀了，环氧涂层松脱了，根本就没有起到保护作用。腐蚀产物被吸附在周围的木材上，而木材本就已经被来自于原始螺栓的铁严重侵蚀了，腐蚀产物导致了木材内部的酸性。更重要的是，螺栓无法继续发挥将船体固定在一起、形成一个刚性结构的作用。因此决定要用更惰性的材料替换螺栓，同时，也获得了一个机会去全面重新设计螺栓系统。

新螺栓的设计

新螺栓的概念最初源于安德斯·阿尔格伦（Anders Ahlgren）和博物馆木工之间的讨论，后期由桑德维克公司（Sandvik AB）——总部设在瑞典的世界一流钢铁制造公司进一步开发。与传统的、带有垫片和螺帽的实心金属螺栓不同，新的

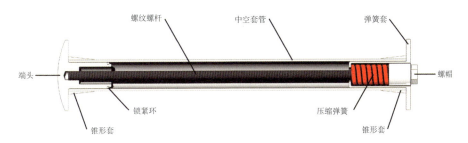

图 151 新螺栓的设计〔绘图：弗雷德·霍克（Fred Hocker），基于桑德维克公司（Sandvik AB）公司扬·哈拉尔德松（Jan Haraldsson）和彼得·努丁（Peter Nordin）绘制的原图〕

设计由七或八个元件组成，包括中空的套管、带螺纹的内置杆件和特殊的端头组件（图 151）。由于大部分工作需要在博物馆开放时间内完成，螺栓的设计加强了安全特性。杆件的一端连接到螺栓的端头，螺栓的端头通过一个特殊的锁紧环固定，以防止脱落（当螺栓被以某一角度插入的时候特别重要）；而杆件内部的端头与一个刚性的压缩弹簧相连，弹簧被一个帽形的弹簧套固定（而非传统的垫片和螺帽）。弹簧套可以将受力分布在较宽的面积上，并固定弹簧。螺栓的两头尺寸不同，都稍稍比原始的螺栓直径大一些，以将力分布在更大的面积上；螺栓采用粉末喷涂涂成深棕色，以与 PEG 处理过的木材相协调。可能最关键的元件是两个圆锥形的锁紧环，它们吸收了大部分来自于弹簧的力，并被放在套管的两端，固定螺栓使之与栓孔紧密贴合。

在 21 世纪早期，当第一次讨论替换螺栓的想法时，也曾对碳纤维材料表现出兴趣，因为碳纤维强度高、重量轻、相对惰性，但是这一想法很快就被打消了。主要是需要用环氧基体固定碳纤维，由此对材料的长期使用性能产生了怀疑。吕勒奥技术大学（Luleå Technical University）的力学测试也表明，碳纤维在被弯折的时候易于变形，而且抗拉伸性能不均匀。在英格兰，采用了金属钛制作的螺栓去固定玛丽·罗斯号，钛毫无疑问非常昂贵，因此瓦萨号没有考虑。当征求建议的时候，桑德维克公司（Sandvik AB）推荐了超级双相（hype-duplex）不锈钢 SAF 2507 和 SAF 2707HD，其中含有 27% 的铬以及 7% 的镍和其他合金元素。这两种材料是为应对化工厂以及海上炼油厂的苛刻条件而开发的合金钢，因此认为它们能够耐受长期暴露在瓦萨号木材内部的酸性条件。SAF 2507 被用于制作螺栓端头、螺母、弹簧套和锥形环，而 SAF 2707HD 被用于制造套管。与桑德维克公司（Sandvik AB）达成了协议，由其捐赠材料，但仍旧保留所有权，以便于在未来的 150 年内，监测螺栓在船上的长期耐腐蚀性能。与北海的油气田相

图 152　与旧螺栓（下）相比，新螺栓（上）的内部端头不再向船内突出〔拍摄：安内利·卡尔松（Anneli Karlsson）〕

比，瓦萨号木材的内部相当于在舒适的城市中提供了一个严苛的酸性环境，这对桑德维克公司来说也是一种回报。

新的设计具有很多优点：弹簧提供了稳定的压力，如果有必要可以测量；避免了传统螺栓所需要的定期校正；使用的材料较少，最后螺栓的整体重量几乎减少一半。20 世纪 60 年代的螺栓平均质量大约是 3kg，而一个新螺栓的质量大约是 1.6kg。一旦所预估的 5000 根螺栓都被替代，预计会减少超过 7 吨的质量（被博物馆的市场推广部门描述为"一头大象的重量"）。新螺栓的另外一个优点就是螺栓的端头不会再超出木材表面，这点被我们之中那些需要定期在船上工作的人交口称赞，因为超出木材表面的螺栓端头很危险，在之前好多年里导致了很多人头部的创伤（图 152）。

更换螺栓

更换螺栓的主要工作开始于 2011 年的秋季，在 2018 年的 5 月正式结束。在这一工作开始之前，每一根螺栓都被赋予了独特的识别编号。螺栓端头的位置都用全站仪记录，以给出结构的三维计算机模型，作为计划和管理的辅助。大家认为，为了避免铁锤和木槌的冲击和震动，最轻柔的方式应该是尝试将旧的螺栓拔出，然

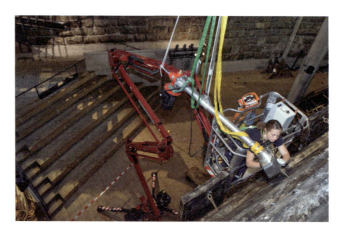

图 153　木工莫妮卡·阿斯克（Monika Ask）正在一个天车上面工作，螺栓拉拔器从起重机上悬吊下来〔拍摄：安内利·卡尔松（Anneli Karlsson）〕

后拉入新的螺栓。为此，设计了一个特殊的拉拔工具——一种电动的螺旋千斤顶，可以完成这两项工作。这件工具大约重80kg，在船体外部使用的时候，由起重机从顶部悬吊下来（图153）。过了一段时间，开发了一个小型的版本，重15kg~20kg，用于内部更加局促的空间。

更换螺栓的工作很复杂，需要三个人共同操作：一个人在船体的外边，在一台举高车上工作，另外一个人在船体内部，第三个人则在下层炮台甲板内部临时搭建的工作间。为了辅助通讯，佩戴了移动式的无线耳机。在移走螺母和垫片之后，用一个木槌轻轻拍打螺栓的端头，直到外端突出大约4cm~6cm，足够用拉拔工具去夹住螺栓端头，并渐渐拉出螺栓。必须把拉拔器放在与螺栓相同的角度，以使之尽可能平滑地移动。然后从两端拉扯一个钢制的扩孔器，穿过栓孔，使栓孔稍微扩大（图154）。拉动可以使扩孔器沿着现存孔洞的方向移动，而不是形成新的孔洞。这点很重要，因为不仅去除了残余的锈层和环氧涂料，而且也保证栓孔与新螺栓之间能够紧密贴合。与原来直径22.5mm的螺栓相比，新螺栓的直径稍微大一些，为28mm。所有的残渣都用真空吸尘器收集。

图154 奥莎·艾格奎斯特（Åsa Egerqvist）和罗伯特·荣松（Robert Jonsson）在插入新螺栓之前清理并扩大栓孔［拍摄：安内利·卡尔松（Anneli Karlsson）］

由于每根螺栓都各不相同，新螺栓都被按需切割，长度从 40cm 到 2m 不等，平均为 1m（图 155）。套管切割得比栓孔之间的长度稍短，以使其在未来的100~150 年之内，适应任何木材有可能发生的收缩。套管的切割端用锉锉掉了毛刺和锋利的边缘，否则当螺栓插入的时候有可能会切入木材。然后，将栓孔两端开口处周围的木材稍微切掉一部分，以使之与螺栓的圆锥形成良好接触，也使得端头和弹簧套可以插入。弹簧套要垂直于套管，这点非常重要，只有这样才能够使得载荷均匀转移，并防止剪切应力产生。要尽量避免去除原始材料，在一些无法不去除原始材料的区域，要提前进行精确的记录。然而在很多情况下，栓孔周围的木材都已经被 20 世纪 60 年代插入的螺栓破坏了。

图 155　工程师安德斯·阿尔格伦（Anders Ahlgren）把一根螺栓切割到合适的长度〔拍摄：安内利·卡尔松（Anneli Karlsson）〕

螺栓拉拔器连接了一个特殊的转接头，可以从外部穿透栓孔，并且扣紧套管的尾端，将新螺栓拉到位（图 156）。采用了肥皂水作为润滑剂，从内部将套管轻轻地拉入栓孔。木工们报告，通常钢制的套管有足够的柔性找到正确方向，穿过稍微错位的木料，但是偶尔有必要用铁锤将其捶到位。在这种情况下，要在端头

图 156　奥韦·奥尔森（Ove Olsen）保证螺栓拉拔器处于正确位置〔拍摄：安内利·卡尔松（Anneli Karlsson）〕

上放置一个保护罩，以防止损坏。一旦套管就位，将圆锥形的环扣在两端，从外部插入与螺栓头连接的、有螺纹的杆件，最后将弹簧和螺帽拧紧。为评估总重量减少的程度，记录了旧螺栓和新螺栓的重量，经过计算，重量减少了大约 6 吨。移除和替换一根螺栓的整个过程需要 20 分钟到 2 个小时不等，取决于位置和移除的难易程度，有些情况无法提前预知。

为防止船体上的应力集中，替换螺栓的工作采用环形的方式沿着船体外周推进，每隔一个去除螺栓，但实际上，更容易接触到的螺栓首先被替换掉了，这就意味着项目的后期阶段需要拆解部分船体以到达隐蔽部位。例如为了接近将舷侧排水沟固定到船舷上的螺栓，移除了下层炮台甲板和底舱的一些甲板板（图 157）。由于在目前支撑托架支柱的位置，少量螺栓仍然无法靠近，不得不在将来安装新支撑体的时候再进行替换。

出于现实的原因，必须在博物馆开放的时间内开展这项工作，期间需要很小心地去减少噪声和粉尘。考虑到公众的安全，工作区域用警戒线围住，这就意味着时不时要在船体周围限制通行，特别是右舷一侧，那里空间狭窄。然而总的来说，观众对螺栓更换活动展现了强烈的兴趣，博物馆接收到了更多的问题，而不

图 157　必须移除炮台甲板的甲板板，以露出舷侧排水沟的螺栓

是投诉。唯一的负面影响是，这项工作令木工们的肩膀和膝关节精疲力竭，特别是当需要在船内部不方便的区域使用螺栓拉拔器的时候。后来开发了一个稍小的拉拔工具在船内使用，这一问题在某种程度上有所缓解。额外雇用了一个工作人员，减轻了每个人的工作量，也使得项目能够按计划进行。在项目的最后两年，一个本地的船舶修复公司，林荣公司（Linjon AB）也被请来进行协助。

在首批 1000 根螺栓被替换之后，工作暂停了一年，以监测船体上是否产生了应力。那

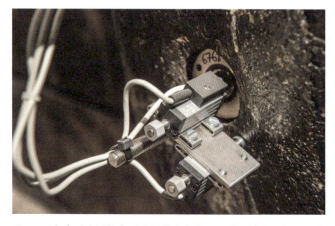

图 158　安装测试螺栓去测量螺栓和船体之间的位移〔拍摄：安内利·卡尔松（Anneli Karlsson）〕

时候，曾经担心结构刚性不足，或者新螺栓会挤压船壳。为了监测这些情况，在船体的各个位置放置了 10 根测试螺栓（图 158），这些螺栓装配了传感器，可以测量螺栓端头和周围木材之间的相对运动，以及螺帽相对于螺栓端头的移动，以确定螺栓是否被拉入了木材中。结果表明沿着螺栓长度方向的运动在 0.01mm 范围内，可以被忽略，也证明插入螺栓的方法足够轻柔。针对这一消息，博物馆信息部门刊发了一期快讯，发布了声明：岁序更替，瓦萨博物馆安然无恙。

参考文献 / 注释

本章的材料，来自参与人员的讨论，一些参考了报纸的文章和 Sandvik AB 公司的宣传文章。

Gajdamowicz and Horemuz 2005 是在一个地测系统的会议上发表的文章。

船体在 20 世纪 90 年代的长度信息见 Sörenson 1999，对于测量系统优点的评价，见 van Dijk et al. 2016。

第十一章

新的支撑体系

当前，博物馆在保护方面所面临的首要挑战，就是更换瓦萨号的支撑托架。最早在 1969 年，在修复委员会的一次会议上，就表达了有关托架的疑虑。会议记录表明，当时的托架不应被看作是永久性的，并提出，未来的设计应当更简洁、更优美。虽然审美也是一个重要问题，但今天更为关切的是托架的功能，因为尽管采取了各种手段去稳定瓦萨号，也无法保证长期的、充分的支撑去承担大约 900 吨重的船体。关键的问题是，支撑托架的支柱无法满足合理分散船体结构受力的要求。此外，多年不受控地校正木楔组，而没有采取任何措施去测量所施加的力，有可能对船体的变形和位移起到了负面作用。

新支撑托架的问题在 20 世纪 90 年代再次被提起，但又再次被暂时搁置，因为要优先考虑其他保护问题。回头去看，盐爆发的发现以及随后对于木材化学状态的研究所导致的延迟，有可能是因祸得福，因为我们关于木材化学和船体结构完整性的认识得到了大幅提升。延迟也允许我们按照正确的顺序开展工作，通过在船体周围构建稳定的环境，与水分运动有关的位移和变形在很大程度上被减小了。而且感谢多年的测绘监控，我们现在对于船体是如何变形的以及哪里发生变形有了更好的理解。延迟也给予了我们充分的时间去完成全面的船体三维数字记录，促进了对于船体结构的了解。然而，虽然作出了努力去改善连接部位的紧固性，并增加船体和托架之间的接触面积，这些都仅仅是短期措施。为保证瓦萨号的长期保存，需要一个全新的支撑体系，这个支撑体系，应当按照船体的结构优化。回顾过往，延迟可以说是塞翁失马，焉知非福，因为今天的设计应当比二十年前所能建造的任何东西都优越得多。

新支撑体的目标

目标是设计一个新的支撑体系，与船体的结构贴合得更紧密，以使得载荷更均匀地分布，并阻止船体进一步变形。除了降低移动、塌陷以及开裂的风险，新的支撑体必须有一定的裕度去应对不断降低的木材强度。其他次要的需求是能够对船体上的载荷进行监测和校正，需要的维护程度最小，并且方便部分拆解，以进行维护和船上其他的保护活动。支撑体系应当是最小干预的，能够在船下、船的四周以及周围的展示空间移动。在美学的层面上，不应当让林立的支架遮蔽船体，从而减损观众的体验；所采用的建造材料，应清晰地区别于原有的结构材料。与之前相比有一个重要的差别，就是我们现在使用"体系"（system）这一术语，而不再使用"托架"（cradle），因为"体系"意味着一种更具整体性的方式，可能会包括一些内部的加强，而不是单纯的静态物理支撑。

"支撑瓦萨号（Support the Vasa）"研究项目

很早就意识到，编制新支撑体系的设计说明书需要工程专业的人员。随后博物馆联系了两个结构力学方面的专家——克里斯托弗·盖姆斯泰特（Kristofer Gamstedt）和他的同事英厄拉·比尤哈格（Ingela Bjurhager），英厄拉已经参与到了船的力学性能研究中，新近进入乌普萨拉大学应用力学系，他们组建了一个多学科的团队，包括工程师、结构分析师去开展这项工作。同时保护委员会（Conservation Council）〔现在被称为保存委员会（Preservation Council）〕也扩大了，吸纳了结构力学方面的专家。2011 年，从几个基金会获得了资助，瑞典环境研究委员会（Swedish Research Council for Environment），农业科学和空间计划委员会〔Agricultural Sciences and Spatial Planning（FORMAS）〕，瑞典创新局〔Swedish Agency for Innovation System（Vinnova）〕和瑞典国家研究委员会（Vetenskapstrådet）共同提供了项目的资助，共 730 万 SEK。

团队的目标是构建一个三维的数字模型，尽可能复现船体的结构和木材的特性，由此确定载荷是如何在整个结构上分布的。这种模型叫作有限元模型（FEM），工程师经常用它去分析单个组件以及它们之间的相互作用，从而从整体上了解系统的行为。在瓦萨号的案例中，考虑到由于木材中发生了化学变化，一些特性有可能随时间发生变化，所采取的途径是先从小范围的木材组件上获取数据，然后到中等尺寸的单体构件，再到大范围的整个船体结构。之后通过与实际测量结果相对比，例如三维的记录、目前支撑位置的反作用力，以及从船体获得的测绘数据等，去验证模型能否精确代表船体。最后验证过的有限元模型被用于模拟各种载荷和变形场景，由此构建一个有针对性的支撑方案。

记录船体结构

幸运的是团队并非白手起家，之前另外一个有关瓦萨号结构的研究计划对船体进行了一丝不苟的三维记录，其结果可以利用。在 2007~2011 年，开展了一系列的 3~4 周的现场教学，对象是来自于东卡罗莱纳大学（East Carolina

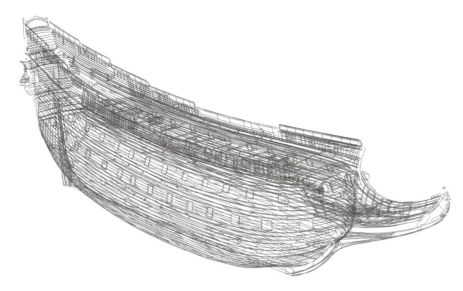

图 159 船体外部三维模型线框图形式的原始数据〔绘图：弗雷德·霍克（Fred Hocker）〕

University)（美国）、南丹麦大学（Southern Denmark University）、康涅狄格大学（University of Connecticut）（美国）和基尔大学（Kiel University）（德国）海洋考古专业的学生。这一工作被分割成合适尺寸的项目区域，例如下层炮台甲板、上层炮台甲板和喙形船艏，学生们采用全站仪和传统的手工测量对每一块木料进行记录，确定其形状、尺寸、连接和固定方式，目的是去重新构建船体是如何被装配的。所获得的成果是船上每一块木料详细的三维模型（图 159）。之后，由克鲁姆·巴奇瓦罗夫（Kroum Batchvarov）承担，苏珊娜·巴列霍斯（Susanna Vallejos）协助，开展了一个为期两年的项目，去调查和记录肋板，补充了之前的结果。由于肋板隐蔽在外板的后面，这项工作尤其具有挑战性。通过采用 30cm 长、3mm 直径的木质探针——实际上就是烤肉签子，被亲切地称为克鲁姆签（Kroum-sticks）（图 160）——在木料之间

图 160 克鲁姆·巴奇瓦罗夫（Kroum Batchvarov）在记录隐蔽的结构〔拍摄：弗雷德·霍克（Fred Hocker）〕

仔细刺探，确认了隐藏的结构。内窥镜也被用于目测检查木料，用端头带有小旗的签子，去指示木料之间的缝隙。通过这种方式，逐渐揭示了隐藏的结构，然后用一台全站仪进行三维记录。

记录确认，瓦萨号的建造是不对称的，例如在上层甲板，右舷一侧有 100 根肋板，而在左舷有 103 根。右舷和左舷的炮门和露天甲板的上层围栏没有对齐，喙形船艏指向左舷，这都是原始建造所产生的结果。同时也揭示出，在前桅和主桅之间，右舷至少有 23 根肋板断裂了，削弱了这一区域的船体。尝试性地移除四块外板后，也证实大约 50% 的大木钉已经被剪断了，有可能是船两舷的沉降差异导致的。

影响木材强度的因素

除了构建有限元模型外，还进行了几个实验，去收集影响船体力学性能参数的相关数据。正如第二章所讨论的，木材有复杂的结构，因此弹性好、拉伸强度高（由于纤维素组分的存在），同时也能够抵抗压缩（由于木质素的存在）。力的方向与木纹的相对关系也很重要。压缩强度是度量一种材料在压力下可以承受的载荷，而拉伸强度是度量将材料拉断所需的力，弯曲强度（以弯曲极限强度，即导致构件失效的载荷度量）是指一种材料，在与它纵向方向相垂直的方向可以承受多大的载荷，反映了材料的最大负载能力。刚度（或弹性模量）是指当施加一定载荷时材料的形变量。由于具有各向异性，木材对于这些力的反应不同，而且在木纹的方向上强度是最强的。这些力往往协同作用，因此如果在一根两端被支撑的木梁上施加载荷，木梁会发生形变，上表面被压缩，而下表面则被拉伸。当不成一条直线的两个力，在两个不同的方向上作用于一个物体，就会产生剪切，木材就会变形（图 161）。

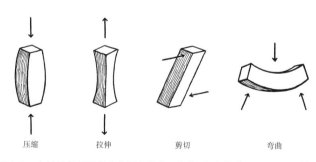

压缩　　拉伸　　剪切　　弯曲

图 161　木材的各种强度示意图〔绘图：卡林·加韦林（Karin Gafvelin）〕

木材的一些特性会随着时间而发生变化，称为时间依赖特性。当在横梁上施加载荷，横梁就会发生弯曲，一旦移除载荷，如果横梁回复原形，则称为弹性形变。然而如果载荷放在这个位置，经过一个很长的时期，木材中的纤丝自我矫正以减轻内部的应力，载荷被移走后，横梁也不会回复到原有的形状，这叫作塑性形变或蠕变。这种现象经常会在书架上观察到，由于书的重量很沉，书架中部会下陷。

强度的特性受很多因素的影响，包括树种、密度、水含量和微纤丝角；同时还有结构因素，例如木纹缺陷和节的存在。微纤丝角是微纤丝在细胞壁上排列的角度，与树种和生长条件等因素有关，微纤丝角相对于细胞长轴方向的角度越小，木材的刚性越大。一般来说，高密度的树种，例如橡木，相比于那些低密度树种，例如松木更能够承受变形。强度一般认为与密度成比例，缓慢生长的松木强度更大，因为它的晚材更致密，而且较窄的年轮意味着在给定体积内，有更多的晚材；对于橡木来说，早材更密实，因此快速生长的橡木在给定的体积内有更多早材。造船工人更乐于选择快速生长的橡木和慢速生长的松木，就是这个原因。

含水率也是一个重要的因素。木材纤丝之间的水作为润滑剂，增大了纤丝的柔性和运动能力。一般来说，木材越干燥，强度越大，刚性越大，这就是为什么在使用之前，木材要被干燥以适应于某个特定的含水率（通常大约为 15%）。然而橡木一旦干燥，就会变得非常难于加工，因此一些造船工人选择在橡木完全适应环境之前就进行加工和塑形。这样在船建成之后，可能会因干燥产生裂纹，但是一个有经验的造船师，会预估到这些开裂，并预防开裂对结构产生危害。

木材在纵向方向、也就是沿着纤丝的方向强度最强，因此造船师傅会移除节或者是开裂的部位，那些部位纤丝的排列混乱，会形成薄弱环节。但是如果这块木料必须使用，可能会切除缺陷，放入填木替代。这些填木在荷兰建造的船上非常典型，因此它们被英国的造船师称作"荷兰人"（Dutchmen），可以在瓦萨号船体的结构性木料上找到几百块这样的填木（图 162）。施加的载荷与纤丝的相对方向，也影响木材的强度及其抵抗变形的程

图 162　瓦萨号上的填木或是"荷兰人"：必须移除木料上的节，用一块填充的木块替代〔拍摄：弗雷德·霍克（Fred Hocker）〕

度。瓦萨号外板、肋板和内板的三明治夹心结构由纵向强度相互垂直的木料铺设而成，并用大木钉紧紧地固定在一起，这种结构在某种程度上可以抵消载荷方向的影响。瓦萨号还有意增加了肋板翼板和肘板，以适应火炮所产生的额外甲板载荷，但是由于收缩程度不同，今天这些连接件很多都已经不再紧固了。

最后，瓦萨号的木材也与新鲜橡木不尽相同，表面区域仍保留的纤维素很少，并填充了 PEG；而内部的区域 PEG 很少，但是被高含量的铁和酸所污染。这导致表面和内部的木材物理特征差异很大——表面的木材是塑性的，易于变形，而内部的木材是硬的，而且非常脆。从工程的角度来说，瓦萨号木材应当被看作是复杂的复合材料，与新鲜的木材相比，物理和力学性能都发生了剧烈的变化。

材料表征

为掌握全面的材料特征，就必须要获得一些特性。由于木材是一种各向异性材料，这些特性必须在纵向、径向和切向三个方向上进行测量。需要用一系列的共十二个常数去全面描述木材的弹性行为：三个弹性模量（E）；三个刚性模量（G，也被称为剪切模量）和六个泊松比。泊松比指材料在沿载荷方向的应变与垂直载荷方向上的应变的比值，被记为 μ_{RL}，第一个字母 R 指代所施加的应力的方向，第二个字母 L 指代与应力方向相垂直的方向〔在这里是指径向（radial）/ 纵向（longitudinal）〕。在通常情况下，确定材料的力学性能需要在已知的实验条件下，对样品施加载荷，直至它们在某些方面失效，并重复这些测试，以获得可信的测量结果。然而，对于独特的历史文物，例如瓦萨号，可供测试的原始材料极其有限，因此研究团队不得不开发创造性的解决方案，或者改造样品的尺寸要求和技术以获取信息。

压缩强度测试

由于单一样品可以在所有三个方向上连续施加载荷，如果样品材料有限，压缩强度测试非常有用，条件是载荷要限定在弹性区域（也就是说一旦载荷移除，木材会回复到它的原始形状），其缺陷是小尺寸的样本不能够代表整个结构。在压缩测试中，要测量样品的形变与所施加的力之间的关系，以得出压缩强度、固体材料的刚性（用杨氏模量度量）和形变，或者一个材料在垂直于力的方向上如何膨胀或收缩（用泊松比度量）等信息。当处理木材时，由于力的分布不均匀、样品的突起（凸度）以及年轮的曲度等问题，评估压缩应力测试所获得的数据是很复杂的。通过选择测试材料，使之具有尽可能平整的木纹，可以减小这些影响，但影响也无法完全消除。正如所料，这进一步限制了所能找到的合适的分析样本数量。

初步的压缩试验已经由约纳斯·永达尔（Jonas Ljungdahl）在 2005 年完成，那是在"支撑瓦萨号"项目正式开始几年之前（见第八章）。永达尔（Ljungdahl）采用数字散斑照相技术（digital speckle photography），测试了瓦萨号木材径向和切向的压缩强度。数字散斑照相是一种可视化的方法，用于显示整个样品表面的位移和应力场。结果表明，与现代的橡木相比，瓦萨号橡木内部区域的压缩强度下降最多达 50%。显微分析表明，在径向压缩过程中，新鲜橡木与瓦萨号的木材相比，失效机理上具有显著差异。新鲜橡木的变形更接近塑性形变，可以观察到木射线连续的折叠；而瓦萨号橡木木射线的变形则展现了更多的脆性特征，可以描述为早材区域的"微屈曲"（micro-buckling）（图 163）。与之相反，在切向的方向上施加力，会导致晚材低密度区域导管的塌陷。

作为"支撑瓦萨号"项目的一部分，阿列克谢·沃罗比约夫（Alexey Vorobyev）采用以上提到的技术，继续开展压缩强度研究。用一台岛津（Shimadzu）的万能材料试验机压缩一些 1cm 见方的瓦萨号木材试样，测压元件是 10kN，采用光学应力相机测量应力。这项试验在每一个样品上重复进行两次，在木材的纵向、径向和切向三个方向上都进行了测试。小方块切割时尽量精密，测试之前在 22℃和 55% 的相对湿度条件下保养。结果表明，与新鲜橡木相比，瓦萨号的材料由于 PEG 的增塑效应，具有更明显的塑性行为。还应用了另外一种技术——数字图像相关法（digital image correlation）（DIC）来确认这一结果。然后用一种相对新的

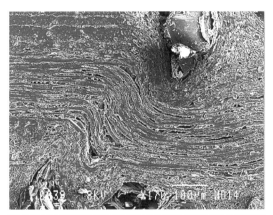
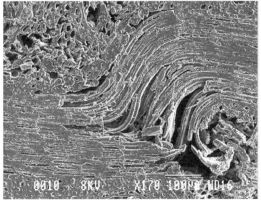

图 163 压缩测试的结果（a）新鲜橡木的微屈曲（b）瓦萨号木材的微屈曲〔拍摄：约纳斯·永达尔（Jonas Ljungdahl）〕

技术——超声共振谱（resonant ultrasound spectroscopy）（RUS）开展了进一步实验，这一方法可以反映具有简单几何形状样品的机械共振，RUS 可以快速给出结果，不需要与样品直接接触。结果表明，瓦萨号橡木的木射线相对更具脆性，当进行压缩试验时，在早材中易于发生分离。

拉伸强度测试

2012 年，英厄拉·比尤哈格（Ingela Bjurhager）开展了实验测量瓦萨号橡木的拉伸强度（图 164）。用沿着底层甲板船舷放置的一块用作填木的木块进行制样，共制得了 75 个样品。样品切为狗骨头形状，170mm 长，4mm 宽，2mm 厚。采用英斯特朗（Instron）万能材料试验机，在平行于木纹的方向对样品施加拉力。为了避

图 164　英厄拉·比尤哈格（Ingela Bjurhager）准备进行瓦萨号木材的拉伸强度测试〔拍摄：安内利·卡尔松（Anneli Karlsson）〕

免再次从船上其他位置提取如此大量的样品，比尤哈格（Bjurhager）开发了一个方法：从船体上三个不同位置提取了直径 20mm 的木芯，从木芯上切取缩小版的狗骨头形状样品（0.3mm × 3mm × 20mm）（图 165）。测试的结果进一步确认，瓦萨号木材的拉伸强度和刚性在纵向方向应当是最强的，与新鲜橡木相比，减少了大约 40%~50%。在进行拉伸强度测试的同时还进行了化学实验，可以看出，在木材深处，那里草酸和铁的含量高，拉伸强度降低了。此外还发现，与未处理过

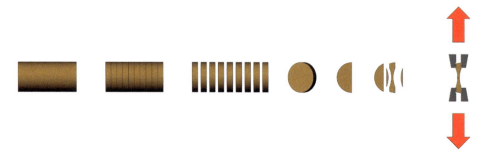

图 165　从 2cm 直径的木材样芯上切取狗骨头形状的样品〔示意图：弗雷德·霍克（Fred Hocker）〕

的、船上湿的木材样品相比较，在船被打捞之后，木料内部的不利条件就有所发展。虽然木材强度和刚性降低 50% 是很显著的，但是我们也应当牢记，瓦萨号建造的目的是专门应对由航行和波浪所加载的强大动态载荷，动态载荷会给船体施加变化的局部应力，因此，如果结构在建造时留有裕度，纵使强度损失 50%，其结果可能也不像一开始看起来那么令人担忧。

蠕变测试

另外一个非常重要的时间依赖参数是蠕变。蠕变可以分为三个不同阶段：在第一阶段，形变的变化非常迅速；在第二阶段，形变倾向于变为线性；而第三阶段会发生蠕变的突然增长，通常会导致材料完全失效。瓦萨号橡木蠕变试验的目的是需要确定，在到达第三个阶段之前、蠕变仍为线性的情况下，木料所能承受的最大应力，这些信息对于新支撑体系的设计参数来说至关重要。测量的蠕变特性，也可以用于预测未来的蠕变行为。

2005 年，设计了一个实验去检测在博物馆的环境下，长期蠕变对于瓦萨号木料的影响。重量被施加在三块 PEG 处理过的瓦萨号原始木板上，木板两端作了支撑，每一块木板随时间所发生的变化都被监测。需要指出的是，在博物馆内选择了开展实验的区域，环境的波动比船体本身更剧烈，相对湿度范围在 52% 到 60% 之间，温度为 15.5℃ ~20.1℃。虽然目前已经获得了一些有用的信息，并且整合到有限元数据中，但仍然计划在尽可能长的时间里，继续在博物馆内对这些完整尺寸的样品开展实验。

最近，作为项目的一个部分，沃罗比约夫（Vorobyev）开展了一个小尺寸的实验，作为完整尺寸木板实验的补充。这项实验的一部分在乌普萨拉大学开展，在可控的实验室条件下进行，另一部分在博物馆内进行，以对比瓦萨号木材和新鲜橡木的蠕变速率。取一些 1cm 和 5cm 见方的瓦萨号木材样块，PEG 含量已知，在它们的轴向、径向和切向方向施加载荷，同时采用新鲜的、没有处理的橡木作为参比样品。为了提高实验的精度，在制备样品方面投入了很多精力，使得木纹尽量平直。初步的结果表明，蠕变在切向方向上是最大的，但是在径向承压的条件下，整个瓦萨号橡木的蠕变速率至少比新鲜橡木高 10 倍。这一数值非常高，因此有担心认为随着材料的老化，会导致加速蠕变和失效。

PEG 促使木材纤维相互之间的滑动变得更为容易，因此 PEG 的存在加强了蠕变效应。截至目前的实验结果表明，在纵向方向上，可以容许的应力为最大屈服强度的 10%，此时蠕变应变仍在限度之内。实验也表明，与纵向方向相比，在木材的切向和径向方向，温度和湿度的变化对蠕变的影响更大。

有一点很重要，以上实验所用样品是在木料表面区域取得的，那里纤维素组分比新鲜木材降解得更严重，PEG 含量更高。然而，就体积而言，瓦萨号木材的绝大部分由更具脆性的、内部的心材组成，含有较少的或不存在 PEG，但是存在大量铁。为了补充这些实验，沃罗比约夫（Vorobyev）和贡纳尔·阿尔姆奎斯特（Gunnar Almkvist）一起，用从内部区域取得的样品，进一步开展了蠕变实验，同时用没有处理过的、但用铁填充过的新鲜木材作为参考样品。结果表明，内部的木材是脆的，拉伸强度仅为新鲜木材的一半，有可能是因为铁的存在，使纤维素分子链发生了分离。在压缩的时候，瓦萨号的木材实际上比新鲜木材更具刚性，更密实，有可能是由于船在其有生之年已经受到了压缩的缘故。特别值得关注的是，从龙骨取得的样品非常脆，无法进行测试。

剪切测试

船上的很多木料都承受着从相反方向施加的力，即剪切。剪切应力的测量很复杂，但是通过在夹具上安装一个单立方装置（single cube apparatus），可以夹取较小截面（25mm×25mm）的样品，沃罗比约夫（Vorobyev）用一台万能材料试验机测试之后，获得了剪切模量的数据（图 166）。结果表明，对于瓦萨号的橡木，一般来说，径向与纵向的比小于 50%，切向与纵向的比大约是 50%，径向与切向的比大约是 75%。这也表明瓦萨号的木材比新鲜橡木要脆很多。

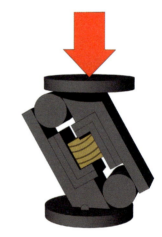

图 166 改造一个装置去测量剪切载荷
〔示意图：弗雷德·霍克（Fred Hocker）〕

几何形状与接头

在以上主要关注于小尺度特性的实验进行的同时，也收集了中等尺度和大尺度范围上的信息。这些信息用于确定载荷是如何通过船体传递的，由此确定船体的哪些结构单元或区域需要更多支撑。载荷通过物理连接和固定这些接头的金属紧固件在木料之间传递，在整条船上，接头的几何形状以及每一个接头内组件的数量都有所不同。如果试验直接在船上进行，存在破坏的风险，因此在 2014 年，根据选定位置船体截面的实际尺寸，建造了一个可以代表船舷局部的全尺寸复制品。实验的目标是对接头的刚性进行定量，特别是在那些载荷由甲板转移到船舷

图 167　由博物馆木工建造的全尺寸船舷复制品的局部〔拍摄：安内利·卡尔松（Anneli Karlsson）〕

的部位。船体的截面复制了甲板和船舷之间的连接，包括木料之间的接头和将木料固定在一起的螺栓。这件复制品采用与原始木材一样的欧洲橡木（*Quercus robur* 和 *Q. petrea*）制造，其截面尺寸是 3.5m×4m×5m，重 8 吨，所有的构件都被固定（图 167）。

　　这件复制品被安装在斯德哥尔摩瑞典皇家理工学院一个力学性能测试设备上，并固定在一个金属框架上，然后复制品在平面剪切、压缩弯曲和旋转这三种受力条件下测试。最开始的时候，测试在整个结构都完整的条件下进行，然后去掉不同的刚性组件，再重复进行测试，最开始是舷侧排水沟（纵向加强的木料），然后是肘板等，目的是测试当组件无法紧密结合的时候，这些接头会如何响应。每个实验重复三次，例如压缩实验中，最大载荷 60kN，在 25℃和 55% 相对湿度的室温条件下进行（图 168）。有一个重要的折中，由于需要重复进行，实验都没有被进行到终点（也就是说实验在材料失效发生之前都停止了），而且只使用了中等程度的最大载荷。这些情况也被考虑到有限元模型中。

　　传统上来说，应变计和位移传感器可用于测量结构的位移，但在测量的时候，它们需要与结构直接接触，因此非接触式的方法受到青睐，例如全站仪或者激光方法。激光方法是使用反射式的激光束去测量距离，尽管也会由于干涉效应、

图 168　皇家理工学院的阿列科谢·沃罗比约夫（Alexey Vorobyev）在船舷测试中采集数据〔拍摄：安内利·卡尔松（Anneli Karlsson）〕

材料的类型和反射等原因产生误差，但激光系统的优势是可以测量整体的变化，而不是选择性的、离散的点。在船舷复制品的实验中，将几种方法结合在一起进行了测试。安装在索具上的拉绳位移传感器，可用于测量连接组件之间的相对位移（水平的测量），而数字成像和激光扫描技术用于监测整体的位移，这种情况下无法安装传感器。在 10m 到 25m 的距离之内，测试的误差是 ±2mm。测量设备的范围表明，所施加的力足够大，可以令钢质测试索具变形，但结合不同的测试方法，有可能将索具的位移与船舷复制品的位移分离开。测试得到了每种类型接头的平均刚性值。

　　在此之后，船舷复制品被用于测试更大的力，将其作为轰击目标去测试一门复制的、瓦萨号 24 磅加农炮的火力。当时总共发射了 12 枚不同类型的炮弹，去冲击船舷结构的不同位置，导致了不同程度的损坏（图 169）。残件目前在博物馆 17 世纪海军海战的展览部分中展示。

　　当可以在有限元模型中代入瓦萨号力学强度的特征值，就能够从这些测试中得到一些一般性的结论。最重要的结论是，PEG 的存在显著降低了瓦萨号橡木的刚性。一般来说，与新鲜橡木相比，瓦萨号的橡木更易于对受力做出响应，基

图 169　一枚 24 磅的炮弹以声速运行撞击到船体结构的复制品上〔拍摄：© 博福斯测试中心（Bofors Test Center[15]）〕

本密度降低的瓦萨号橡木在垂直于受力方向的形变（泊松比）更显著。也表明在可控的博物馆环境内，即使季节性的环境变化很小，对于含水率都有显著影响，而这种影响由于 PEG 的存在被强化了。

构建有限元模型

礼萨·阿夫沙尔（Reza Afshar）负责构建有限元模型，他所面临的首要挑战，就是要确定在模型中使用何种程度的细节，既要保证模型能足够精确地描绘船体，又不会因为过于复杂而不便于使用。材料特性也需要足够详细，才能够作出预测。为了简化模型，瓦萨号被看作是一个三层的壳结构（代表船体的外板、肋板和内板），由甲板横梁支撑。接头由弹簧代表，其刚性从测得的瓦萨号橡木的材料特性中获取（刚性系数），这样就产生了一个非常刚性的连接。而船上实际的接头由于收缩和腐蚀，现在已经变

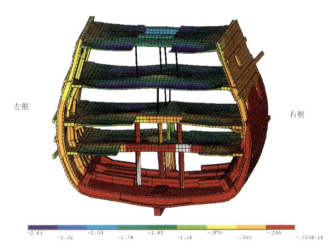

图 170　船体中部的横截面，展示了垂直方向上的位移（垂直方向的单位为 mm）

⑮　瑞典最大的军械集团公司，世界最著名的防空武器生产厂家之一，总部设在卡尔斯库加（译注）。

得更具柔性，因此通过改变这些接触区域的刚性参数，增加了模型中接头的柔性。微纤丝角、密度、含水率和 PEG 含量等数据也被整合到模型中，以确定静态条件下的力学性能。随后这些数值被用于确定弹性以及时间依赖的力学性能。大木钉的密度等细节也被纳入进去，这使得有可能在一些大木钉破坏的区域对模型进行校正，这些信息会影响有限元模型壳元件中刚性系数的选取（图 170）。

由于完成的有限元模型可用于评估应力分布，以及船体易于变形的区域，这一模型也被应用于测试不同的支撑方案，以及这些支撑方案如何对船体产生影响。测试的方案包括加倍外部支撑体的数量，将支撑体延伸到船舷的顶端，以及增加一些形式的内部支撑。目前还没有定论，但是有可能综合考虑所有这些建议。有一个初步的概念性设计：采用内部撑杆将船固定在一起，并承担甲板的重量，同时结合外部支撑，有可能在船的下部设置单独的液压系统，以重塑船体，并尽可能地消除变形。截至 2018 年 5 月，材料的选择还没有确定。

建造阶段：将理论付诸实践

无论选择哪种解决方案，安装一个新的支撑体系都是价格不菲的，博物馆正在寻求资助以支付费用，预计超过 1 亿 SEK。同时，由于在升级环境系统的过程中，与国有资产委员会形成了良好的合作，博物馆再次请求他们监管项目的建造，因为国有资产委员会拥有合适的专家、资源和人脉去管理大型的建造项目。委员会目前正在征询承包商的出价。

项目开始阶段，对由增强水泥建造的浮船的状态有所担心，浮船承担了船体和现有托架的全部重量，替换它将会影响新支撑体结构的设计，并且需要清空储存仓库和目前安装在那里的其他设施。幸运的是，结构分析确认，浮船结构是稳定的，浮船上的应力处于设计范围之内。这也引出了一个有趣的法律问题：浮船归谁所有，谁应对其负有责任？因为任何维修或替代所可能产生的费用都是十分庞大的。目前已经达成协议，既然浮船现在是建筑整体的一部分，就应归属于国有资产委员会。另一方面，则确认支撑结构的所有权和责任属于瓦萨博物馆，这样在未来执行保护任务的时候，对于任何有可能做出的改造和调整来说，都将会简化决策过程。

船桅和索具的问题

这些年测绘的数据表明，虽然在 20 世纪 90 年代安装船桅的时候，已经使其尽可能接近垂直方向，但是目前船桅看上去都向左舷倾斜，部分原因是船舷不均匀的变形，这导致了对于船桅木材状态的担心，特别是前桅。前桅是原始构件，并且之前存在明显的腐朽。前桅目前的受力状况还能够维系多长时间，仍是一个未知数，特别是在靠近船艉的一侧有一条大裂缝（图171）。倾斜有可能是船体形变差异所导致的，却产生了一个累加效应，当桅杆更倾斜的时候，就会在它们的接触点施加更大的力，并且传输给船体更大的扭力。

虽然大部分船桅和索具的重量，都被导向坐落在浮船上的钢质支撑体，但桅楼被连接到横桅索上，粗大的绳子通过锚链板和支索承板将桅顶连接

图 171　前桅的裂缝〔拍摄：安内利·卡尔松（Anneli Karlsson）〕

到船舷上。自从 20 世纪 90 年代中期安装以来，由于船体的沉降，锚链板相对于桅顶下落了大约 4cm~8cm，增加了横桅索的张力，并且使它们顶部的接触点发生了变形。在一艘还在服役的帆船上，应当定期进行索具张力校正，但是在瓦萨号上没有开展这项工作。虽然已经意识到，需要完善的校正程序，但还是决定等待，直到新的支撑结构就位。主要原因是首先要稳定船体，这样重新上紧索具才不会引入任何新的应力。也必须指出，调查索具状况的索具装配员持相反的意见，他们确信索具的应力应该在设计支撑结构之前调节均衡，因为船桅上不均匀的应

力，对甲板结构施加了不均匀的形变应力。

然而还是采取了一些措施去降低桅杆上的应力。沉重的、木质的桅箍最令人担忧，那是一块实心的松木木料，重260kg，坐落在原始前桅的顶端。由于它是一件复制品，而不是原件，在2016年末，用一个玻璃纤维制作的复制品进行了替换，新复制品重量仅为23kg，重量减轻了大约90%。有计划用一个轻一些的空心木结构替换后桅的桅箍，制造起来更廉价。通过这些手段，估计大约可以从索具上减轻400kg的重量。

乌普萨拉大学的尼克·凡·戴克（Nico van Dijk）被正式委任对船桅和索具进行结构分析，特别是前桅，最开始这项工作没有作为研究计划的一部分，仅作为一个计划外项目。通过有限元分析方法分析了横桅索以及支索的几何形状、载荷和紧固点，支撑的位置以及材料的特性，目的是计算屈曲的可能性。通过激光扫描和全站仪的数据确定了船桅的几何形状，生成了前桅的数字模型，显示了甲板、横桅索和支索的位置，也就是施加力的位置。这些力无法被直接测量，但是可以通过横桅索悬链线（曲线）的角度计算，其曲度与拉力相关。在2016年的春季，在前桅周围搭建了脚手架，这样可以采用通常用于评估活立木腐朽程度的雷达技术去测量前桅的状态。这也开辟了到达上层索具的通道，在那里，桅帽的两侧正被向下拉。现在已经通过放松桅楼侧支索释放了拉力，桅楼侧支索本来用于固定上桅横桅索的下端，但现在已经不起作用了。初步的结论是前桅目前没有折断的风险。

参考文献 / 注释

与瓦萨号木材强度相关的文章见 Ljungdahl 2006，Ljungdahl and Berglund 2007，Bjurhager et al. 2010，2012，Norbakhsh et al. 2013，Hassel et al. 2014，Almkvist et al. 2016，Vorobyev 2017，Vorobyev et al. 2016，2017 和 Wagner et al. 2016。

关于船舷复制品的测试是如何被用于有限元模型的详细信息见 Afshar et al. 2017。

项目的进展也见 Minutes of the Preservation Council，2010 年至今，SMM Archives。

第十二章

瓦萨号的遗产

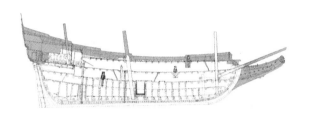

国王古斯塔夫二世阿道夫的伟大战船在深海中沉没了几个世纪，威名扫地，而将他打捞出水，可以称得上是无畏的事业，这项事业吸引着我们当中的冒险家，对广大公众和专业人员来说别无二致。虽然能够与瓦萨号的体量和保存状况相比肩的项目凤毛麟角，但毫不奇怪，瓦萨号项目激励了其他沉船项目相继追随。此外，决定将这艘船安放在斯德哥尔摩市中心，在一个令人震撼的、专门建造的博物馆中展示，对于旅游所形成的吸引力远超预期。1990 年以来，瓦萨博物馆观众数量稳步增长，目前达到了每年 150 万。瓦萨号如此俘获人们的想象力，因此在 2015 年和 2016 年，瓦萨博物馆被公众票选为世界排名前十位的博物馆之一。

瓦萨号留给文物保护专业的遗产

打捞项目的成功和博物馆受欢迎的程度被书写的次数不胜枚举，但关键的中间阶段很少受到关注，然而正是历经多年的保护，才能够令这具从海底拖出来的船骸蜕变为举世瞩目的景观。瓦萨号曾经是、现在仍是世界上最大的、从海底打捞上来的饱水木质文物，而且他的保护是一项规模庞大、雄心勃勃的实验。由于没有先例，瓦萨号的保护人员不得不开发新方法去保护这艘船，而且只许成功，不许失败。作为开拓者，就意味着要不断面临新问题和不可预料的状况，尽管学习曲线可能很陡峭，过程也不完全顺利，但是从瓦萨号项目获得的知识和经验启发了文物保护行业内外的很多人。这个项目刚开始的时候，文物保护正在成为一个专业，在全世界各种有关遗产和保护的会议上，拉尔斯·巴克曼（Lars Barkman）和比吉塔·霍福什（Birgitta Håfors）都经常被邀请作为主讲人。1979 年，在国际博物馆协会的主持下，成立了饱水木材工作组（Wet Wood Working Group），也就是今天我们所熟知的湿有机考古材料工作组（Wet Organic Archaeological Material Group）（WOAM）。在工作组的三年会上，会定期发表有关瓦萨号研究的报告，对其他大型保护项目起到了示范作用。

PEG 的使用

瓦萨号的保护在很多方面都具有创新性。在 20 世纪 60 年代，他就作为主要项目之一，开展大规模实验，研究相对新的保护试剂——聚乙二醇（PEG）。保护人员持续不断地测试不同分子量 PEG 的性质，以优化小型器物的 PEG 加固方法。其他基于这些早期工作的沉船保护项目，有时会选择不同分子量的 PEG 以及处理策略，去处理不同保存状况的木材。例如从丹麦斯库勒莱乌（Skuldelev）发掘的五艘维京船，由于需要保证力学强度以及尺寸稳定性，使用了 PEG 4000 去处理薄的、严重降解的船体木材。与瓦萨号不同，这些船都被拆解了，因此木料在浸泡槽中处理。在 20 世纪 60 年代中期，使用 PEG 4000 处理了塞浦路斯发现的凯里尼亚沉船（Kyrenia）的木料，十年之后，虽然已经变得发黑而且更黏稠，这批 PEG 还是被重新用于麻雀港沉船（Serçe Limani）的保护上。在德国，也选择了 PEG 去处理 1962 年发现的一艘沉船—— 14 世纪的不来梅柯克船（Bremen Cog），虽然他的保护直到 1980 年才开始。在这一案例中，不来梅柯克船保护项目的负责人——佩尔·霍夫曼（Per Hoffmann）选择结合不同分子量的 PEG：首先用 PEG 200 稳定轻度降解的木材，然后将 PEG 3000 用于重度降解的橡木。虽然 23m 长的不来梅柯克船在现场被拆解了，但他又在博物馆中被重建，并在周围建起了浸泡槽。1982 年，在都铎战船玛丽·罗斯号（Mary Rose）的保护中，采用了先 PEG 200，后 PEG 2000 的两步法进行填充。像瓦萨号一样，这具船骸太大，无法用浸泡槽处理，因此将 PEG 溶液喷淋到船上（图 172）。

过去几十年的经验告诉了我们很多有关 PEG 的信息。现在我们知道，应当

图 172　16 世纪的玛丽·罗斯号在保护中〔拍摄：© 玛丽·罗斯基金会（Mary Rose Trust）〕

避免长时间加热PEG，因为这样会分解聚合物。我们也知道PEG会促进金属腐蚀，当选择浸泡槽和过滤设备材料的时候，这是一个重要的参考。而且当处理既包含金属又包含木材的器物时，PEG处理方法有可能会适用于其中一种材料，而对另外一种材料有害。重复使用PEG可以节约经费，可能极具吸引力，但是应当采用精细的过滤方法，因为PEG会吸附泥土、铁和其他污染物，而且有可能已经开始分解。基于这些知识，玛丽·罗斯号的保护人员决定定期更换它们的PEG溶液，间隔差不多三个月，以保持PEG尽可能地干净无污染。最近，为了降低成本和提出更具可持续性的方法，法国格勒诺布尔ARC-Nucléart的保护人员开始测试更好的过滤方法，以使得PEG溶液可以被重复利用。

PEG的一个劣势是蜡状的表面会吸附尘土，而且低分子量PEG吸水性很强。在20世纪70年代，通过应用冷冻干燥技术，这些不利的影响在很大程度上被减弱了。对于处理小型的饱水木质文物，PEG结合冷冻干燥，目前是最普遍和最成功的方法。这种方法使用少量的PEG，不但降低了被处理器物的吸湿特性、吸附更少量的尘土，而且缩短了处理时间，可以抵消操作费用的增加。此外，其结果在颜色、结构和重量方面，令木材保留了更多天然特性，而不是完全用PEG填充时所形成的蜡状、有光泽的表面。当然，冷冻干燥器腔体的体积是一个限制性因素，这就排除了它在处理大型、完整船舶方面的应用。一些沉船项目，选择拆解船体，这样可以冻干单独的木构件，2002年威尔士发现的一艘15世纪船板搭接的商船——纽波特船（Newport Ship）就是这样的案例。然而这样做也存在风险，处理过程中木料有可能发生变形，这样船的重建就会变得更为复杂。一个有趣的案例是德克萨斯州加尔维斯顿（Galveston）附近发现的美女号（La Belle）沉船，在她的周围建造了一个围堰，并将水排出，以进行发掘。然后木料在一个浸泡槽中被重新组装，用PEG完全填充。但是出于现实的原因，中途改变了策略，木料被拆解并冻干，这项变更导致需要建造美国最大的冷冻干燥装置。

结构稳定性

在保护过程中，预防变形和尺寸变化始终都是饱水木材保护人员最为关切的问题，相对而言，较少考虑船体的长期稳定性。现在情况有所改观，因为很多在20世纪60年代处理的沉船，尽管安装了支撑托架以防止结构变形，现在也都表现出结构变形的迹象。在瓦萨号项目之前曾经开展的研究，很少针对PEG处理后木材的力学性能。虽然认识到PEG的吸水特性和增塑性，但是也假定这些负面影响可以通过控制器物周围的环境条件，并且给予一定物理支撑来遏制。现在我们知道这些负面效应在大型船只上被放大了，因而这些手段是不足够的。这些船通常都要支撑它们自身的重量，而外加的 PEG 使得木材更易于发生蠕变和变形，这些都是随时间延长而展现出来的力学性能。瓦萨号不是唯一遭遇这一现象的船只，蠕变的长期影响在布莱梅柯克船上也很明显。最初在 1999 年，在布莱梅港的德国国家海事博物馆，布莱梅柯克船从天花板上悬吊展示。由于与船体的接触点太少且接触面太小，导致了剧烈的局部变形，采取了紧急措施，用一个临时的地面支撑托架替代了悬吊系统（图 173），然而长期的解决方案仍悬而未决。

图 173　布莱梅港德国国家海事博物馆展示的不来梅柯克船，2017〔拍摄：© 埃里克·霍普施，德国国家海事博物馆（Erik Hopps，German Maritime Museum）〕

寻找新型加固剂

　　使用 PEG 去保护大型沉船，一直以来都受到质疑，多年以来保护科学界也一直致力于寻找强度更大、吸湿性更低的替代品。在 20 世纪 80 年代，研究了蔗糖，成败参半。目前被研究的物质包括非还原性的糖，例如乳糖醇、甘露醇、山梨醇和木糖醇，都是蔗糖的相关物质，更不易于随着时间延长发生水解。其他被研究的天然物质还包括壳聚糖（虾和其他甲壳类动物外壳的衍生物）以及由木材木质素直接衍生的加固剂，这些材料通过设计，可以与已有的木材结构相互作用，从而起到增强作用。曾经做过各种尝试去为用户定制木材加固剂，通过生产有特定官能团的聚合物，去解决结构稳定性和由于铁和酸存在所导致的化学和生物降解等问题。很多被推荐的材料在实验室都展现了令人振奋的结果，但是迄今为止，只有很少的替代物被长期研究过，或在大型饱水木材上测试过。寻找新处理方法，也引发了对于一个基本保护原则的争论：当处理一些大型的、复杂的、昂贵的木质文物，例如沉船，可逆性或者是可再处理原则在现实上和经济上是否还有意义？当然这是另外一本书所需要讨论的问题。

去除铁和硫

瓦萨号项目还凸显了另一个更为广泛的问题，就是 PEG 处理过的木材上所形成的沉积盐。虽然在 20 世纪 70 年代末期，在斯库勒莱乌船上首次观察到了这种现象，而且大约 10 年之后，在西澳大利亚的巴达维亚号（Batavia）沉船上再次观察到，但只有当千年之交，在瓦萨号上发现盐沉积之后，这个问题才变为头条新闻。假如瓦萨号没有很高的国际知名度，以及他作为一个旅游热点的价值，我很怀疑能否获得资助，去如此深入地研究这一问题。更广泛的保护团体，可以从所获取的知识中受益，并且采取与他们自己项目相关的预防性或者补救性措施。例如，当意识到硫、铁和酸在木料内部累积的问题后，玛丽·罗斯号的保护人员研究了另外一种方法，采用碳酸锶脱除木材中的酸。自从这艘船在 2013 年开始了干燥过程，也一直在监控草酸发展的迹象，以对其中的机理加深理解。

长久以来，对饱水木材内部铁的不利影响都有一定认识，现在这对于考古保护人员来说仍是一个巨大挑战。正如在第八章中所提到的，拉尔斯·巴克曼在 20 世纪 70 年代所写，他清楚地意识到了危险，但是假定（或者可能是希望）铁是不活跃的。在 20 世纪 90 年代，金属文物保护人员伊安·麦克劳德（Ian Macleod）警告说，所有沉船中的木材都应当被看作是"天然存在硫铁化合物污染"，并且建议保护人员在储存和展示过程中，应采取合适的预防性措施去控制相对湿度。多年以来，保护人员使用草酸盐、柠檬酸盐和 EDTA 从有机材料中去除铁的污染物，但不是非常成功，因为这些化合物的络合能力不够强到足以去除所有含铁化合物。针对瓦萨号铁的问题，采用了高性能的铁的螯合剂，例如瑞典农业科学大学（SLU）的化学家们开发了 DTPA。要感谢针对瓦萨号木材开展的工作，现在我们对于铁如何影响木材聚合物，并且催化其他降解反应等方面提高了认识。作为回应，保护团体现在积极鼓励在 PEG 浸泡之前，从饱水木材中去除铁。例如纽波特船（Newport Ship）的保护人员选择在 PEG 浸泡和冷冻干燥之前去处理船的木料，尽管他们使用了 2% 的柠檬酸铵溶液，而不是 DTPA。而 DTPA 被用于处理两座被铁严重侵蚀的炮架，一座是在玛丽·罗斯号上发现的，另外一座来自于瑞典哥特兰（Gotland）附近发现的 1566 年的沉船。

含有硫、铁元素的化合物在中国的海洋考古木质沉船中也普遍存在。目前已经打捞的华光礁 I 号（图 174）、小白礁 I 号（图 175）、南海 I 号等沉船，在填充加固之前，也都采用了络合试剂溶液浸泡的方法去脱除其中的铁，以期能够实现更为长久的保存[16]。

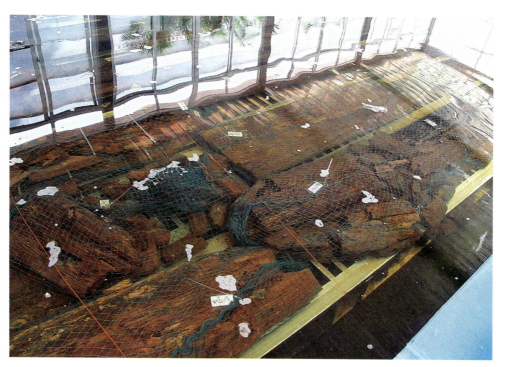

图174 采用 EDTA 溶液浸泡脱铁的华光礁 I 号船木（拍摄：沈大娲）

然而，将处理方法放大到去处理整艘船，使用大量化学试剂的问题，以及对于废弃物处理更严格的管控就凸显出来。在比利时安特卫普，虽然他们有计划使

---

[16] 本段为译者应作者要求补充，英文版中无（译注）。

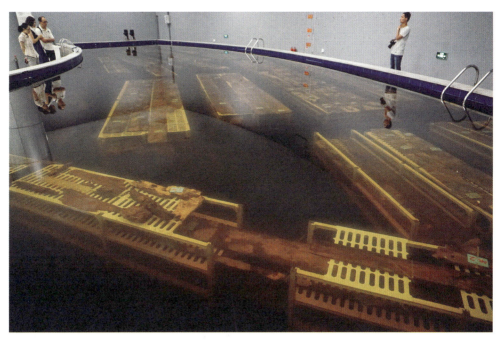

图 175　采用 EDTA 溶液浸泡脱铁的小白礁 I 号船木（拍摄：刘婕）

用 DTPA 处理 14 世纪的多尔柯克船（Doel Cog）的木料，但是大量的化学试剂在使用后必须被丢弃（估计有 15 万升 / 批），令当地的管理部门很担忧，因而在申请许可的时候被否决了。处理废弃物的费用可能会很高昂，而且即便想办法减少其中的含水量，也不能使费用显著降低。对于玛丽·罗斯号炮架的项目，购买脱除铁的化学试剂，加上废弃物处理的费用共计有几千英镑。

数字记录和监测

瓦萨号项目欣然采纳了三维记录和监测系统，将其应用于复杂的大型结构，这些技术包括光学的或激光扫描，以及可移动的坐标测量设备，例如法如公司的 Arm 系统（Faro Arm）或全站仪，这些方法现在已经成为沉船项目上所使用的标配工具，用于记录复杂的结构以及监测随时间所产生的变化。在瓦萨号的案例中，数字记录不仅仅用于了解船只建造的方式，也成为建立有限元模型（FEM）的基础，现在被用于设计一个新的支撑体系。而且定期的监测，也使船体正在发生的、复杂的三维形变显得更明晰。一个相似的测量系统也被用于玛丽·罗斯号（Mary Rose），但玛丽·罗斯号由于船体放置得过于靠近建筑的墙体，不可能测量到整艘船（图 176）。德国国家海事博物馆的保护人员也在研究一个相似的系统，去监测布莱梅柯克船的变形。

图 176　玛丽·罗斯博物馆使用了全站仪去监测船体的位移〔拍摄：© 玛丽·罗斯基金会（Mary Rose Trust）〕

瓦萨号的特殊措施

由于经费原因，一些保存措施可能对于瓦萨号项目来说是独创的。虽然对于很多机构来说，安装一个精密的环境系统是非常昂贵的手段，但瓦萨博物馆的实践证明，可以在巨大体积的空气当中实现稳定的环境，无论何种季节或天气，都能够应对一天之内上千观众所带来的影响。另外一个例子是乌普萨拉大学的研究人员所承担的、富有创意的方式，去建立一个船体的有限元模型。他们选择通过不同尺度的视角去审视这一问题——从微观到宏观——对木材物理性质，连接处是如何作用的，老化的材料是如何对长期应力作出响应进行通盘考虑。逐步地，一块一块地，他们建立起了一个尽可能精确的瓦萨号船体模型，从保存的角度来说，这有可能是最详尽的、历史性结构的数字模型之一。与之相反，胜利号（HMS[17] Victory）的有限元模型则是先建立一个模型，然后不断修正，以满足船体结构的需求。

---

[17]　His/Her Majesty's Ship 的缩写，指国王 / 女王陛下的舰船（译注）。

保护与公众

毫无疑问，这些年以来，在瓦萨博物馆有一个方面已经发生了变化，那就是对于保护的态度。在过去，船的保护任务要在下班后完成，远离公众的目光，现在这些活动被认为是博物馆运行的一个主要部分，自身就能够吸引观众的关注。在网上，博物馆保护相关的主题经常被包括在活动编排中，例如，展示铁栓的更换，无论对大人和儿童来说都同样受欢迎。这种积极的曝光，有助于提高公众对于继续保护文化遗产必要性的认识。实际上，一位从事保护的同事谈到，她定期作为美国一座保护设施的导游，在那里，墙上有一幅瓦萨号的照片。参观团队中总会有一些人游览过斯德哥尔摩，并参观过这艘船，这就会引发充满趣味的讨论，探讨保存这样一件器物所带来的挑战。就此而言，瓦萨号真正成为了一名文物保护的使者。

费用

有一个经常被提起的问题，就是瓦萨号项目到底花费了多少钱，事实证明这很难计算，因为多年以来，存在各种各样的行政改组，影响了会计决策。将保护经费从其他的费用中剥离出来，通常也不是很容易。例如，在项目的早期，安保人员的费用和展示的费用被包括在保护项目下；而很多设施和产品是捐赠的，或者是折价提供的，这也会给真实的费用带来误判。20 世纪 70 年代，拉尔斯·巴克曼尝试去回答这一问题。从 1959 年至 1973 年年终的一段时期，在瓦萨船坞（Wasavarvet）临时博物馆的活动的总费用是 3350 万 SEK，包括打捞和保护的费用。这计入了潜水和打捞的费用（大部分是捐赠的）、建造浮船和支撑托架、在瓦萨船坞建造保护实验室和临时博物馆、保护（可能包括 PEG 的费用）、栓固，各种杂费，例如复原、重建、拍照、储藏和展示费用以及人员工资，还有其他与保护完全无关的博物馆活动。同期总收入是 1740 万 SEK。根据巴克曼的记录，保护的费用仅占博物馆总支出的 10%~15%。其他项目例如玛丽·罗斯号，能够更精确地计算他们的支出，因为玛丽·罗斯基金会是一个独立的、没有政府资助的组织，必须自行筹集资金。玛丽·罗斯号打捞的费用据估计为 280 万英镑，这是一个保守的数据，也不包括志愿潜水员的费用。保护的费用估计大约为 3500 万英镑，最近在玛丽·罗斯号周围建起来的新博物馆花费了 2700 万英镑。

有可能佩尔·霍夫曼对于这些数字更为心中有数，最近在他记述自己多年舟船保护经验的书中，他提到"保护考古发掘的舟船在经济上永远都是无利可图的"⑱。在项目开始的时候可能确实如此，但是还需要用更长远的目光去看待这一问题。今天如果我们检视瓦萨号的数据，就会得到一个不同的概念。即使从1961年开始计算国家海事博物馆当局总的预算支出，瓦萨博物馆自1990年开馆以来所产生的收入，也都已经不止偿付这些钱，而且现在的收入已经能够涵盖博物馆的所有开支。

瓦萨号的模式可能会在财务方面对其他沉船项目产生诱人的激励，打算如法炮制，但是谁也不能保证这一模式能否被复制。瓦萨号的成功归因于机缘巧合。首先，与其他沉船相比，瓦萨号保存得非常好，对于参观者来说，所见即所得；第二，博物馆位于首都城市，具有优良的地理位置和国际交通接驳；第三，作为一个旅游胜地，博物馆目前没有主要的竞争对手，不像伦敦或阿姆斯特丹那样的城市，拥有大量的文化遗产热点。我们的经验是，即使到斯德哥尔摩的参观人数总体下降，人们仍会来到瓦萨博物馆，因为博物馆贡献了如此独特的体验。虽然博物馆收取门票费用，但成人门票仅与一张电影票的价格相当，而十八岁以下的青少年是免费的。然而不可否认，保护沉船是昂贵的、耗时的、需要长期投入的，因此，大部分成功的项目通常都有博物馆官方的支持，愿意承担早期的经济风险，并助力保护渡过难关，直至大功告成。

可否再作冯妇？能否与时俱进？

这也是我们经常被问到的问题，坦率而言，作为先驱者有显著的优势。在瓦萨号的案例中，因为之前没有人曾经打捞并保护过这样尺度的一艘船，没有更好的经验，投入的经费和时间以及可能受到的影响都无法提前预估。那些参与打捞的人员曾经回忆，瓦萨委员会（Wasanämnden）的主席伯蒂尔王子（Prince Bertil）曾经讲过，假使委员会坐等所有必要的资金就位，他们永远也不可能打捞这艘船。至于保护的策略，很难想象这艘船可以用其他的方式处理。今天我们可能会质疑PEG的使用，但这是得益于五十年经验的后见之明。当时，通过很多实验，PEG被认为是最合适的、可供选择的材料。PEG今天仍被广泛使用，表明当时的决策并非无本之木。假使我们今天还要去保护这样尺度的一艘船，而且PEG仍是唯一的选项，我们将会避免使用低分子量PEG，并尽量过滤，保持

⑱ 见《考古发掘舟船的保护——躬行实践》，佩尔·霍夫曼著，沈大娲译，科学出版社，2020（译注）。

PEG 溶液尽可能干净。如果能够开发一种新型聚合物，与木材中的铁形成键合，并使之稳定，那将会是一个诱人的选项。最后，一个设计完善的船体支撑体系，应当被纳入整个保护过程的早期阶段。

然而，今天除打捞和保护沉船之外，还有其他选项：原位保护正变得越来越普遍，特别是当预算不能支撑打捞、保护和维护的费用时。得益于三维测量、水下记录和各种可视化技术的发展，沉船遗存可以在不被扰动的情况下被观看并重建，这就有可能探索深水和其他无法接近的沉船。例如战神号（Mars）沉船是一艘比瓦萨号还要大的战船，2011 年在瑞典奥兰德（Öland）附近的海域被发现，这艘船在 1564 年的战争中着火并爆炸。现在采用摄影测量技术，在海床上对其进行了详细的记录（图 177）。在记录加利福尼亚附近海域发现的飞行航母梅肯号（USS[19] Macon）时，也使用了相似的技术，遗址和文物保存得非常好，因此飞船和两艘飞机本身的轮廓在沉积物上显得很清晰。当无法获取遗存的实体时，这些结果可以为展览设计者提供激动人心的替代手段（图 178）。

图 177 16 世纪的沉船战神号（Mars）在 1564 年的战争中沉没，最近采用摄影测量技术在海底进行了记录
［图片：英厄马尔·隆格伦，海洋探索（Ingemar Lundgren，Ocean Discovery）］

---

⑲ USS，United States Ship 的缩写，专指美国海军现役舰船（译注）。

图 178　将梅肯号（USS Macon）的可视化技术融入互动展览中的示例〔© 由梅甘·利克里特 - 蒙顿（Megan Lickliter-Mundon）和伊夫·巴尔托洛（Eve Bartolo）提供，功能需求文档（FRD），承蒙 NOAA/OET[20] 准许使用〕

　　尽管可视化技术提供了手段去体验无法通过其他方式接触的沉船，但实物总会有一些令人惊叹和神秘莫测的东西。正如海洋考古学家詹姆斯·德尔加多（James Delgado）所言："获得一艘船的图像，并不等于获取他的实质。对于我们的遗产作出触觉上的反应是人类固有的需求"。瓦萨博物馆的观众显然也认同这种观点。在保护专业领域，对于如何保护一艘船，瓦萨号建立了基准，并且产生了深远影响。作为第一艘被打捞上来的、最大的、并用 PEG 保护的重要沉船，酸发展以及力学强度减弱的新问题首先出现在瓦萨号上，也有其必然性。幸运的是，瓦萨号具有很高的国际知名度以及很强的公众吸引力，这一点有助于获取资金，以应对这些问题。下一代的保护人员，毫无疑问将会面临一系列新的挑战，因此衷心希望我们曾经采取的方法可以为瓦萨号未来的保存提供一个良好的基础！

[20]　美国国家海洋和大气管理局（National Oceanic and Atmospheric Administration）和海洋探险基金会（Ocean Exploration Trust）（译注）。

参考文献 / 注释

瓦萨博物馆被公众票选为世界前十的博物馆见旅游网站 TripAdvisor。

Ian MacLeod 关于铁的引述见 MacLeod and Kenna 1990, p141；保护的费用见 Hoffmann，2013，p163；最后的引用见 Delgado 1987。

在其他船上发现的铁的问题见 Jesperson 1989 和 MacLeod and Kenna 1990。

其他沉船的保护：纽波特船（Newport Ship）见 Adamson 2011；玛丽·罗斯号（Mary Rose）见 Jones 2005；不来梅柯克船（Bremen Cog）见 Hoffmann 2001，2011 和 2013；美女号（La Bella）见 Fix 2015；有关多尔柯克船（Doel Cog）保护计划的信息来自于与保护人员 Lore Poelmans 的私下交流。

有关华光礁Ⅰ号、小白礁Ⅰ号和南海Ⅰ号中铁的问题及处理方法见沈大娲 2020，包春磊，刘爱虹 2021 及张治国 2014 以及在南海Ⅰ号保护现场的实际工作经验。

HMS Victory 的有限元模型（FEM）见 Fenton and Fowles 2014。

炮架中铁的脱除见 Pearson et al. 2018 和 Phillips and Godfrey 2010。

PEG 再生的工作见 Meunier-Salinas and Caillat 2018。

采用锶中和的实验见 Schofield 2015。

对于新保护材料的研究见 ICOM-CC 的 Wet Organic Archaeological Materials 工作组的会议论文集；例如甘露醇见 Jensen and Bjerregaard Pedersen 2016；壳聚糖见 Christensen 2013。

瓦萨号保护费用的估算见 Barkman 1975a，玛丽·罗斯号保护费用的估算见 Dobbs 2007 和 Björdal 2011。

参考文献

正式发表

Adamson, S. 2011. 'Conservation of the Newport Ship: Challenges of Scale', *Proceedings of the 11ᵗʰ ICOM-CC Working Group on Wet Organic Archaeological Materials Conference, Greenville, May 2010,* K. Straetkvern and E. Williams (eds) 291-302. ICOM-CC: WOAM.

Afshar, R., van Dijk, N., Bjurhager, I., Gamstedt, E. 2017. 'Comparison of experimental testing and finite element modelling of a replica of a section of the Vasa warship to identify the behaviour of structural joints'. *Engineering structures* 147:62-76.

Almkvist, G., Dal, L. and Persson, I. 2004. 'Extraction of iron compounds from Vasa wood', in *Proceedings of the 9ᵗʰ ICOM-CC Working Group on Wet Organic Archaeological Materials Conference, Copenhagen,* 7-11 June, 2004, P. Hoffmann, K. Straetkvern, J.A. Spriggs and D. Gregory (eds). Copenhagen, 203-10. Bremen: DeutschesSchiffartsmuseum.

Almkvist, G., Norbakhsh, S., Bjurhager, I. and Varmuza, K. 2016. 'Prediction of tensile strength in iron-contaminated archaeological wood by FT-IR spectroscopy -a study of degradation in recent oak and Vasa oak'. *Holzforschung* 70(9): 855-65.

Almkvist, G. and Persson,I. 2006. 'Extraction of iron compounds from wood from the Vasa', *Holzforschung* 60(6): 678-84.

Almkvist, G. and Persson,I. 2008a. 'Analysis of acids and degradation products related to iron and sulfur in the Swedish warship Vasa', *Holzforschung* 62(6): 694-703.

Almkvist, G. and Persson, I. 2008b. 'Fenton-induced degradation of polyethylene glycol and oak holocellulose. A model experiment in comparison to changes observed in conserved waterlogged wood', *Holzforschung* 62(6): 704-708.

Almkvist, G. and Persson,I. 2011. 'Distribution of iron and sulfur and their speciation in relation to degradation processes in wood from the Swedish warship Vasa', *New Journal of Chemistry* 35: 1491-1502.

Appelqvist, C. 2011. 'Wood degraders in the Baltic Sea', in *Wreck Protect: Decay and Protection of archaeological wooden shipwrecks,* C. Björdal and D. Gregory (eds), 57-72. Oxford: Archaeopress.

Arrhenius, O. 1967.'Corrosion on the Warship Wasa'. *Swedish Corrosion Institute Bulletin* 48.Stockholm: Swedish Corrosion Institute.

Arrhenius, O., Barkman, L. and Sjöstrand, E. 1973. 'Conservation of old rusty iron objects: reduction of rust with hydrogen gas.' *Swedish Corrosion Institute Bulletin* 61E. Stockholm: Swedish Corrosion Institute.

Barker, D. 2003. 'The Conservation of Metals', in *For Future Generations: Conservation of a Tudor Maritime Collection*, M. Jones (ed.) The Archaeology of the Mary Rose 5:75-94. Portsmouth: Mary

Rose Trust.

Barkman, L. 1962. *Konservering av Wasa*. Vasa Studies 1 (extra publication from Tidskrift i Sjöväsandet), 3-19. Stockholm: Wasanämnden.

Barkman, L. 1967. *On resurrecting a wreck; some technical observations about the preservation exhibition* (exhibition notes). Stockholm: Wasa Dockyard.

Barkman, L. 1975a. 'The Preservation of the Warship Wasa', *Problems of the Conservation of Waterlogged Wood, Proceedings of a symposium held at the National Maritime Museum, Greenwich, 5-6 October 1973*, W.A. Oddy (ed.) National Maritime Museum Monographs and Reports 16: 65-104. Greenwich: National Maritime Museum.

Barkman, L. 1975b. 'Preserving the Vasa'. The Forbes Prize Lecture presented at the IIC-NKF Congress, Stockholm, 4 June 1975.

Barkman, L. 1977. 'Conservation of rusty iron objects by hydrogen reduction', in *Corrosion and Metal Artifacts: A Dialogue between Conservators, Corrosion Scientists and Archaeologists*, March 17-18, 1976, B.F Brown, H.C. Burnett, W.T. Chase, M. Goodway, J. Kruger and M. Pourbaix (eds)155-66. National Bureau of Standards Special Publication No. 479. Washington DC: US Department of Commerce.

Barkman, L. 1978. 'Conservation of Rusty Iron Objects by Hydrogen Reduction', in *Corrosion and Metal Artifacts,National Bureau of Standards Special Publication 479*: 156-166. B. Floyd Brown (ed.).

Proceedings of a Seminar held at the National Bureau of Standards, Gaithersburg, Maryland, 17-18 March 1976.

Barkman, L. 1978. 'The Management of Historic Shipwreck Recovery and Conservation as experience from the Wasa'. Paper presented at the *National Conference on the Monitor, Raleigh, North Carolina, 2-4 April 1978*. Washington: Preservation Press.

Bengtsson, S. 1975. 'The sails of the Wasa', *The International Journal of Nautical Archaeology and Underwater Exploration* 4(1): 27-41.

Bengtsson, S. 1980.'Konservering av läderfynd från Wasa', in *Konservering og Restaurering af Laeder, Skindog Pergament, Konservatorskolen*, Det Kongelige Danske Kunstakademi, Köpenhamn, 205-212.

Bengtsson, S. 1994. 'Vasagrävningen – start för en era', in *Sjöhistorisk Årsbok 1994-1995*, 27-34.Stockholm: Sjöfartsmuseum.

Bjurhager, I., Halonen, H., Lindfors, E-L., Iversen, T., Almkvist, G. GamstedtE.K. and Berglund, L.2012. 'State of Degradation in Archaeological Oak from the 17th Century Vasa Ship: Substantial Strength Loss correlates with Reduction in (Holo) Cellulose Molecular Weight', *Biomacromolecules* 13: 2521-27.

Bjurhager, I., Ljungdahl, J., Wallström, L., Gamstedt, E.K. and Berglund, L.A. 2010. 'Towards improved understanding of PEG-impregnated waterlogged archaeological wood - A model study on recent oak', *Holzforschung* 64(2): 243-50.

Björdal, C. 2000. *Waterlogged Archaeological Wood: Biodegradation and its implications for conservation.* PhD dissertation, Department of Wood Chemistry, Swedish University of Agricultural Sciences.'

Björdal, C and Appelqvist, C. 2011. 'The decay process of shipwreck timbers in the Baltic.'in *Wreck Protect: Decay and Protection of archaeological wooden shipwrecks*, C. Björdal and D. Gregory (eds), 73-80. Oxford: Archaeopress.

Björdal, C. 2011. 'Costs for in-situ preservation versus full conservation', in *Wreck Protect: Decay and Protection of archaeological wooden shipwrecks*, C. Björdal and D. Gregory (eds), 127-129. Oxford: Archaeopress.

Brorson Christensen, B.1970. *The conservation of waterlogged wood in the National Museum of Denmark*, Studies in Museum Technology 1. Copenhagen: National Museum of Denmark.

Cederlund, C.O. and Hocker, F. 2006. Vasa I: *The Archaeology of a Swedish Warship of 1628*.Stockholm: Statens maritima museer.

Cederlund, C.O. and Skenbäck, U. 1968. 'Spännande Vasapussel', in *Sjöhistorisk Årsbok 1967-1968*, 93-100. Stockholm: Sjöfartsmuseum.

Christensen, M. 2013. *Developing new consolidants for archaeological wood*, PhD Dissertation, Museum of Cultural History, University of Oslo.

Claus, G. 1986. *Wasas Historia 1956-64 upptäckt, bärgningen, utgrävningen*.Vasa Studies 15. Stockholm: Statenssjöhistoriska museum.

Dedic, D., Iversen, T. and Ek, M. 2013. 'Cellulose Degradation in the Vasa: The role of acids and rust', *Studies in Conservation* 58(4): 308-13.

Delgado, J. 1987. "Introduction to Special Section, An APT Short Course: Maritime Preservation" *APTI* 9(1):34-39.

Dobbs, C. 2007. 'Visitors, funding, and museums-reflections on the Mary Rose experience. Manage the marine cultural heritage: Defining, accessing and managing the resource,' in *CBA research report 153*, J. Satchell and P. Palma (eds) 69-77. Swindon: English Heritage.

During, E. 1994. De Dog på Vasa: *Skelettfynden och vad de berättar*.Vasa Studies 16. Stockholm: Vasa Museum.

Elding, L.I. 2010.'Vasa – Recent Preservation Research', *Proceedings of the 11th ICOM-CC Working Group on Wet Organic Archaeological Materials Conference, Greenville, May 2010*. K. Straetkvern and E. Williams (eds) 371-382.

Elding, L.I. 2011. 'Preservation of the Vasa warship.' *Safeguard of Cultural Heritage: A Challenge from the Past for the Europe of Tomorrow*. COST Strategic Workshop, Florence, 11-13 July 2011: 135-137.Florence: Florence University Press.

Fenton, R. and Fowles, R. 2014. 'HMS Victory: Modelling and Structural Analysis: how this contributes to the conservation of Nelson's famous flagship'. The *Royal Institution of Naval Architects Historic Ships Conference*, 19-27. London: The Royal Institution of Naval Architects.

Fix, P.D. 2015. *Archaeological*

Watercraft: A Review and Critical Analysis of the Practice, PhD dissertation, Department of Anthropology, Texas A&M University, College Station.

Fjaestad, M. (ed.). 1999. *Tidens tand: förebyggande konservering.* Stockholm: Riksantikvarieämbetet.

Fors, Y. 2008. *Sulfur-Related Conservation Concerns for Marine Archaeological Wood*, PhD dissertation, Department of Chemistry, Stockholm University.

Fors, Y. 2009. 'Ammonia treatment of acidic Vasa wood', in *Proceedings of the 10ᵗʰ ICOM Working Group on Wet Organic Archaeological Materials Conference, Amsterdam, September* 2007, K. Strætkvern and D.J. Huisman(eds)539-561. AmersfoortNetherlands: ICOM/RACM.

Fors, Y., Nilsson, T., Damian Risberg, E., Sandström, M. and Torssander, P. 2008. 'Sulfur accumulation in pine wood (*Pinus Sylvestris*) induced by bacteria in a simulated seabed environment: Implications for marine archaeological wood and fossil fuels', *International Biodeterioration& Biodegradation 62*: 336-47.

Fors, Y and Richards, V. 2010. 'The Effects of the Ammonia Neutralizing Treatment on Marine Archaeological Wood', *Studies in Conservation* 55(1):41-54.

Gajdamowicz, K. and Horemuz, M., 2005. 'Laser scanning and 3D modelling of the warship Vasa.' Paper presented at the *Conference Optical 3-D Measurement Techniques VII, Vienna, Austria, October* 3-5, 2005.

Giorgi, R., Chelazzi, D. and Baglioni, P.

2005. 'Nanoparticles of Calcium Hydroxide for Wood Conservation. The De-acidification of the Vasa Warship', *Langmuir* 21: 10743-8.

Glastrup, J. 2006. 'Degradation of PEG in the warship, Vasa', *Macromolecular Symposium* 238: 22-9.

Glastrup, J., Shashoua, Y. Egsgaard, H. and Mortensen, M.N. 2006a. Degradation of PEG in the Warship Vasa, *Macromolecular Symposium* 238: 22-29.

Glastrup, J., Shashoua, Y. Egsgaard, H. and Mortensen, M.N. 2006b. Formic and acetic acids in archaeological wood. A comparison between the Vasa Warship, the Bremen Cog, the Oberländer Boat and the Danish Viking Ships. *Holzforschung* 60(3): 259-264.

Hallvards, B. 1964. Pusslet Wasa. *Tidskrift i Sjöväsendet* 127(9): 590-97.

Hassel, I., Afshar, R. Vorobyev, A. Bommier, F. and Gamstedt, E.K. 2014. 'Towards determination of local and overall displacements of the Vasa Ship Structure: Effect of its mechanical connections', The *Royal Institution of Naval Architects Historic Ships Conference.* London: The Royal Institution of Naval Architects.

Helmerson, K. 2013. *Att Fånga Tillfället: Hur ett fiaskobaserat ettförmålsmuseum blev världsberömt.* Stockholm: Vasamuseet.

Hocker, E. 2006. From the Micro- to the Macro-: Managing the Conservation of the Warship, Vasa. *Macromolecular Symposium* 238: 16-21.

Hocker, E. 2010. 'Maintaining a Stable Environment: Vasa's New Climate-Control System', *APT Bulletin: The Journal of Preservation Technology* XLI(2-3): 3-10.

Hocker, E., Dal,L. Hocker,and F. 2009. 'Understanding *Vasa*'s salt problem: Documenting the distribution of salt precipitations on the Swedish Warship, *Vasa', Proceedings of the 10th ICOM Working Group on Wet Organic Archaeological Materials Conference, Amsterdam, September 2007*, K. Straetkvern and H. Huisman (eds) 460-480. Amersfoort: ICOM/RACM.

Hocker,E. and Sahlstedt, M. 2015. 'A conservator's role in large-scale preservation research', *Monumental Treasures, NKF XX Congress, Helsinki, Finland, 21-23 October 2015*, 126-33. Helsinki: Nordic Association of Conservators.

Hocker, F. 2011. *Vasa,A Swedish Warship*. Stockholm: Medströms Bokförlag.

Hocker F. and P. Wendel. 2006. 'Site formation processes', in *Vasa I: The Archaeology of a Swedish Warship of 1628*, C.O. Cederlund and F. Hocker (eds) 146-70. Stockholm: Statensmaritimamuseer.

Hoffmann, P. 2001. 'To be and to continue being a cog: the conservation of the Bremen Cog of 1380', *The International Journal of Nautical Archaeology* 30(1): 129-40.

Hoffmann, P. 2010. 'On the long-term visco-elastic behaviour of polyethylene glycol (PEG) impregnated archaeological oak wood', *Holzforschung* 64(6): 725-28.

Hoffmann, P. 2011. 'Correction, Stabilisation and Presentation, the fourth phase of the Bremen cog project', *The International Journal of Nautical Archaeology* 40(1): 151-200.

Hoffmann, P. 2013. *Conservation of Archaeological Ships and Boats – personal experiences.* London: Archetype Publications.

Huss, H. and K. Sondén. 1920. *Vattnet i sjöar och vatten drag inom Stockholm och dess omgivningar, rapport till Stockholms Stadsfullmäktige, Serie II*. Stockholm.

Håfors, B. 1997. 'The Climate of the Vasa Museum - Problems in coordinating the museum object and the museum climate', In *Proceedings of the Third International Conference on the Technical Aspects of the Preservation of Historic Vessels, November 1997, San Francisco Maritime Park Association*, 1-6. San Francisco: Maritime Park Association.

Håfors, B. 2001.*The Conservation of the Swedish Warship, Vasa, from 1628.*Vasa Studies 18. Stockholm: The Vasa Museum.

Håfors, B. 2010. *Conservation of the Wood of the* Swedish warship, Vasa, of A.D. 1628, PhD dissertation, Department of Conservation, University of Gothenburg.

Häggström, C., Lindahl, K., Sahlstedt, M., Sandström, T. and Wikstad, E.2013. *Alum-treated archaeological wood: characterization and re-conservation*. Stockholm: Swedish National Heritage Board.

Jensen, P. and Bjerregaard Pedersen,N. 2016. 'Examination of D-mannitol as an impregnation agent for heavily degraded waterlogged archaeological wood', *Proceedings of the 12th ICOM-CC WorkingGroup of Wet Organic Archaeological Materials Conference, Istanbul 13-17 May 2013,* T. Grant and C. Cook (eds) 118-125.

Jesperson, K. 1989. 'Precipitation of iron corrosion on PEG-treated wood', *Conservation of Wet Wood and Metal: Proceedings of the ICOM Conservation Working Group on Wet Organic Archaeological Materials and Metals Conference, Fremantle 1987*, 141-152 Perth: Western Australian Museum.

Jones, M (ed.) 2003. *For Future Generations: Conservation of a Tudor Maritime Collection*, The Archaeology of the Mary Rose 5:75-94. Portsmouth: Mary Rose Trust.

Kvarning, L.-Å. and Ohrelius, B. 2002. *The Vasa, The Royal Ship,4*[th] edition. Stockholm: Atlantis.

Lindfors,E.L., Lindström, M. and Iversen, T. 2008. 'Polysaccharide degradation in waterlogged oak wood from the ancient warship Vasa', *Holzforschung* 62(1): 57-63.

Ljungdahl, J. 2006. *Structure and properties of Vasa Oak*, Licentiate thesis, Department of Aeronautical and Vehicle Engineering, Royal Institute of Technology, Stockholm.

Ljungdahl, J. and Berglund, L.A. 2007. 'Transverse mechanical behaviour and moisture absorption of waterlogged archaeological wood from the Vasa ship', *Holzforschung* 61(3): 279-284.

Lundström, P. 1963. *Utgrävning av Wasa*.Vasa Studies 2 (extra publication from Tidskrift iSjöväsandet) 3-20. Stockholm: Wasanämnden.

MacLeod, I. 2005. 'The Decay and Conservation of Museum Objects of Tin', *Studies in Conservation* 50 (2):151-152.

MacLeod, I.D. and Kenna,C. 1990. 'Degradation of archaeological timbers by pyrite: oxidation of iron and sulphur species'. *Proceedings of the 4th ICOM Working Group on Wet Organic Archaeological Materials Conference, Bremerhaven*, 133-142. Bremerhaven: DeutschesSchiffahrtsmuseum.

Matthiesen, H. and Mortensen,M. N.2010.'Oxygen measurements in conserved archaeological wood', *Proceedings of the 11*[th] *ICOM-CC Working Group on Wet Organic Archaeological Materials Conference, Greenville*, May 2010, K. Straetkvern and E. Williams (eds), 123-135.

Mcgowan, G. and Prangnell, J. 2006. 'The significance of vivianite in archaeological settings', *Geogarchaeology* 21(1): 93-111.

McHale, E., Benneche, T., Kutzke, H., Christensen, M. and Braovac, S. 2013. 'Bio-inspired materials for the preservation of archaeological wood: Lignin.' *Condition 2015: Conservation and Digitalization*,93-94. Gdansk: National Maritime Museum.

Meunier-Salinas, L. and Caillat,L. 2018. 'Regeneration of PEG solutions used in waterlogged wood's consolidation'. *Proceedings of the 13th ICOM Working Group onWet Organic Archaeological Materials Conference, Florence, 16-23 May, 2016*, E. Williams and E. Hocker (eds) (forthcoming).

Mortensen, M.N. 2009. *Stabilization of polyethylene glycol in archaeological wood*, PhD dissertation, Department of Chemical and Biochemical Engineering, Technical

University of Denmark and National Museum of Denmark.

Norbakhsh, S., Bjurhager, I. and Almkvist, G. 2013. 'Mimicking of the strength loss in the Vasa: model experiments with iron-impregnated recent oak,' *Holzforschung* 67(6): 707-14.

Pearson, D. Butler, H. and Schofield, E. 2018. 'Discussion on the practicalities and effectiveness of re-treating a wooden gun carriage with DPTA'. *Proceedings of the 13th ICOM-CC Working Group of Wet Organic Archaeological Materials Conference, Florence, 16-21 May 2016,* ed. E. Williams and E. Hocker (eds) (forthcoming).

Phillips, E. and Godfrey, I. 2010. 'Removing iron compounds from a waterlogged wooden gun-carriage using the chelating agent Diethylenetriaminepentaacetic acid (DTPA)'. *Proceedings of the 11th ICOM-CC Working Group of Wet Organic Archaeological Materials Conference,Greenville,* May 2010, K. Straetkvern and E. Williams (eds) 505-508.

Pinniger, D. 2001. *Pest Management in Museums, Archives and Historic Houses.* London: Archetype Publications.

Plenderleith, H.J. and Organ, R.M. 1954. 'The decay and conservation of museum objects of tin', *Studies in Conservation* 1 (1952-1954): 63-72.

Rosenqvist, A. M. 1959a. 'The stabilizing of wood found in the Viking Ship of Oseberg - part I', *Studies in Conservation* 4: 13-22.

Rosenqvist, A. M. 1959b. 'The stabilizing of wood found in the Viking Ship of Oseberg - part II', *Studies in Conservation*

4: 69.

Sandberg, T. 2011. *The Vasa Warship: Lignin Characterization by means of Thioacidolysis and CP/MAS 13C NMR.* MSc Thesis, Department of Fibre and Polymer Technology, Royal Institute of Technology, Stockholm.

Sandström, M., Fors,Y. and Persson,I. 2003. *The Vasa's New Battle, Sulfur, Acid and Iron.* Vasa Studies 19. Stockholm: Swedish National Maritime Museums.

Sandström, M., Jalilehvand,F., Persson, I., Gelius, U., Frank P. and Hall Roth, I. 2002. 'Deterioration of the seventeenth-century warship Vasa by internal formation of sulphuric acid', *Nature* 415: 893-97.

Schofield, E. 2015. 'Alkaline earth Carbonates for the treatment of problematic Sulfur associated with marine archaeological wood'. *Journal of Archaeological Science* 4: 427–433.

Scott, D. 2002. *Copper and Bronze in Art: corrosion, colorants, conservation.*Los Angeles: Getty Publications.

Scott, D. and Eggert, G.2009. *Iron and Steel in Art: corrosion, colorants, conservation.*London: Archetype Publications.

Sondén, K. 1914. *Anteckningar rörande svenska vattendrag med hänsyn till beskaffenheten av vattnet i desamma.* Stockholm: Nordiska Bokhandeln.

Soop, H. 1962. 'XVIIth Century Pewter Relics from the Wasa's Wreckage', *Tin and Its Uses* 57: 5-7. Greenford, England: International Tin Research Council.

Soop, H. 1992. *The Power and the Glory: the Sculptures of the Warship Wasa.*

Stockholm: Kungliga Vitterhets Akademien.

Spindler, K. 1994. *The Man in the Ice*. New York: Harmony Books.

Spriggs, J. 2013. 'Foreword', in *Conservation of Archaeological Ships and Boats - personal experiences*, P. Hoffmann, p. vii-viii. London: Archetype Publications.

Stolt, E.-M. 1994. 'Rön om Vasas rigg', in *Sjöhistorisk Årsbok 1994-1995*, 35-50. Stockholm: Sjöfartsmuseum.

Strömberg, A.1959. 'Konservering av vattendränkt trä, Regalskeppet Wasa', *Statens Sjöhistoriska Museum meddelanden* 7:47-60. Stockholm: Statens Sjöhistoriska museum. (Taken from Sjöhistoriska Årsbok 1957-58.)

Svensson, S. 1965. 'Wasas segel och något om äldre segelmakeri', *Sjöhistorisk årsbok 1963-1964* (eds) 39-82. Stockholm: Sjöfartsmuseum.

Sörenson, M. 1999. *Hull Strength of the Warship Vasa*. MSc thesis, Naval Architecture, Department of Vehicle Engineering, Royal Institute of Technology, Stockholm.

Tångeberg, P. 1995. 'En helt ny bild av regalskeppet Vasa: Brokigt som dåtidens konstverk', *Forskning och Framsteg* 1995(1): 4-10.

Tångeberg, P. 1996. 'Träskulpturens tekniker', *Signums svenska konsthistoria*:369-77.

Tångeberg, P. 1999. 'The use of Colours on the royal warship Vasa – Painting of sculptures in Northern Europe in the seventeenth century.' *Endeavour* 24(4), December 2000: 147-151.

van der Heide, G. 1981. 'A piece of history in conservation of waterlogged wood', *Conservation of Waterlogged Wood, International Symposium on the conservation of large objects of waterlogged wood, Amsterdam*, 24-28 September 1979, L. de Vries-Zuiderbaan (ed.) 17-24. The Hague: Govt. Printing and Publishing Office.

van Dijk, N.P., Gamstedt, E.K. and Bjurhager, I. 2016. 'Monitoring archaeological wooden structures: Non-contact measurement systems and interpretation as average strain fields', *Journal of Cultural Heritage* 17: 102-13.

Villner K. 1986. *Blod, kryddor och sot: läkekonst för 350 år sedan*. Vasa Studies 14.Stockholm: Carlssons.

Villner, K. 2012. *Under däck: Mary Rose - Vasa - Kronan*. Stockholm: Medströms Bokförlag.

Vorobyev, A., Arnould,O. Laux, D., Longo, R., van Dijk, N.P. and Gamstedt,E.K. 2016. 'Characterisation of cubic oak specimens from the Vasa ship and recent wood by means of quasi-static loading and resonance ultrasound spectroscopy (RUS)', *Holzforschung* 70(5): 457-65.

Vorobyev, A. 2017. *Static and time-dependent mechanical behaviour of preserved archaeological wood. Case studies of the seventeenth century warship Vasa*, PhD dissertation, Department of Engineering Sciences, Applied Mechanics, Faculty of Science and Technology, Uppsala University.

Vorobyev, A., Almkvist, G. van Dijk, N.P., Gamstedt,E.K. 2017. 'Relations of density, polyethylene glycol treatment and moisture content with stiffness properties of Vasa oak samples', *Holzforschung* 71(4): 327-35.

Wagner, L., Almkvist, G., Bader, T.K., Bjurhager, I., Rautkari, L and Gamstedt, E.K. 2016. The influence of chemical degradation and polyethylene glycol on moisture-dependent cell wall properties of archaeological wooden objects: a case study of the *Vasa* warship. *Wood Science Technology* 50(1): 1103-1123.

Walsh, Z., Janecek, E., Hodgkinson, J. et al. 2013. Multifunctional supramolecular polymer networks as next-generation consolidants for archaeological wood conservation, *Proceedings of the National Academy of Sciences of the United States of America* 111: 17743-17748.

Wiedenhoeft, A. 2010. 'Structure and Function of Wood', in *Wood Handbook: Wood as an Engineering Material,* General Technical Report FPL_GTR-190, 3:1-3:18. Madison; WI: U.S. Dept. of Agriculture, Forest Service, Forest Products Research Laboratory. Available at www.fpl.fs.fed.us.

包春磊，刘爱虹，2021，"华光礁 I 号"南宋沉船保护（I 期）与研究，北京，文物出版社

沈大娲，2020，海洋出水木质文物中的硫铁化合物，北京，科学出版社

张治国，李乃胜，田兴玲，刘婕，沈大娲，2014，宁波"小白礁 I 号"清代木质沉船中硫铁化合物脱除技术研究，文物保护与考古科学，26（4）：30-38

未发表

Clason, E. 1958. Rapport från Vasakommittén.

Carlström, D. Institutionen för Medicinsk Fysik, Karolinska Institutet, reportdated19July 1963.

Gamstedt, K. 2011. Ett nytt stödstystem för Vasa, Forsknings- och utvecklingsplan/A new support system for Vasa, Research and Development plan.

Lindqvist, C. 2006. Vasamuseet loggbok: klimatprojektet 2002-2006, Vasa Museum, Stockholm.

Minutes of the Conservation Council 1961-1979 and 1997-2009.

Minutes of the Restoration Council Dec 1964 - June 1970.

Minutes of the Technical Council 1980-1997.

Minutes of the Preservation Council 2010 till present.

Pipping, O. 1995. Projekt riggning av regelskeppet Vasa.

Qvarfot, U. 2015. Korrosion av muskötkulor från Regalskeppet Vasa.

Svenska Träforskningsinstitutet Träteknik, 'Undersöking av ekstycke från Vasa', 27 February 1958.

Svensson, S. PM rörandebultar till Wasa, report to Wasanämndens Conservation Council, Stockholm 19 Oct 1962.

索 引

船艏肘板 breasthook

船桅 mast

船艉 stern

船艉廊台 stern gallery

船艉弯骨 fashion piece

船舷 side

瓷器 ceramic object

大锅 cauldron

大麻绳索 hemp rope

大木钉 treenail

大炮 / 火炮 cannon

大英博物馆的皮革敷料 British Museum Leather Dressing

导管 vessel

底舱 hold

地测系统 geodetic monitoring

顶桅 royal mast

动物骨头 animal bone

动物脂肪 animal fat

镀金 gilding

锻铁 wrought iron

盾徽 / 纹章 coat of arm

舵 rudder

舵柄 tiller

舵钮 rudder pintle

舵枢 gudgeon

二乙三胺五乙酸 DTPA

发光二极管 light emitting diode (LED)

法老胡夫的葬船 Pharaoh Khufu´s barge

帆、桅的圆材 spar

帆边索 bolt rope

反渗透 reverse osmosis

防火 fire prevention and control

防浪板 cap rail

纺织品残片 textile remain

服装残片 clothing remain

腐蚀菌 erosion bacteria

副帆 bonnet

副梁材 / 半梁 ledge

刚度 stiffness (or modulus of elasticity)

刚性模量 moduli of rigidity

哥德堡 Gothenburg

各向异性 anisotropy

共振超声谱 resonant ultrasound spectroscopy (RUS)

贡纳尔·阿尔姆奎斯特 Gunnar Almkvist

古斯塔夫五世干船坞 Gustav V dry dock

管胞 tracheid

海生蛀虫 marine borer

海藻 algal

含硼的棒 boron rod

含水率 moisture content

汉斯·阿尔布雷克·冯·特雷列本 Hans Albrecht von Treilieben

耗氧测量 oxygen consumption measurement

荷兰的造船传统 Dutch shipbuilding tradition

黑橡木 black oak

亨里克·许贝特松 Henrik Hybertsson

亨宁·马蒂森 Henning Matthiesen

横梁 beam

横桅索 shroud

后桅 mizzen mast

译后记

2009 年，经由海南省博物馆的西沙华光礁 I 号保护项目，我开始接触到海洋出水木质文物特别是海洋考古发掘木船的保护。研究伊始，当我查找相关文献的时候，首先跃入眼帘的就是瓦萨号的相关研究。当时距 2000 年瓦萨号盐析大爆发的发生不到十年，"保护瓦萨号"研究项目刚刚结束，硕果累累，"瓦萨号的未来"研究项目方兴未艾，如火如荼。有大量的研究论文发表在科技期刊上，而不是像过去那样只能在文物保护会议的论文集中才能找到相关文献。硫铁化合物问题也促使中国文化遗产研究院的团队开展研究，在华光礁 I 号其他保护程序开始之前就进行铁脱除的工作，希望能够避免瓦萨号的窘境。可以说瓦萨号的研究直接影响了国内华光礁 I 号，小白礁 I 号，直至南海 I 号等多艘海洋考古木船的保护研究、方案制订乃至于保护实施。

对于瓦萨号的了解一直都是纸上谈兵，直至 2015 年，历经辗转，我有机会和同事张治国研究员（现任国家文物局考古研究中心考古实验室与科技保护研究所所长）、田兴玲研究员到瓦萨博物馆参观交流，亲眼见证了这个文物保护史上的奇迹，也受到了 Emma Hocker 和 Malin Sahlstedt 两位女士的热情接待，并与她们深入讨论了瓦萨号开展的各种实验研究，令我们受益良多。

可以说，瓦萨号曾经以及今天所面临的问题，也是我们正在面临或将要面临的问题，同样也是海洋考古发掘木质沉船保护面临的共同命题。瓦萨号项目采取了多学科联合的组织模式，发表了大量高水平的科学研究论文，其中不乏 Nature，PNAS 这样等级的文章，令文物保护真正迈入科学领域。多年以来，中国文化遗产研究院一直践行研究先行的模式；近些年，国内的文物保护项目也普遍开始采取这样的模式，目前围绕南海 I 号保护开展的"十四五"国家重点研发计划项目"海洋出水木质文物保护关键技术研发"就是这样一个实例。面对我们宝贵的文化遗产，只有坚持负责任的态度，采用科学的方法，开展充分的研究，才能够更好地保护和保存，才能够让中华文明生生不息，不断传承。

诚如作者在书中所写，本书不是一本专业教科书，更类似于一本科普书籍，但实际上也涉及了相当多的专业术语。翻译完 Per Hoffmann 教授撰写的《考古发掘舟船的保护》一书后，让我自以为对船体结构词汇有所把握，而这本书才真正让我认识到自己这方面词汇的匮乏。近年来频发的翻译出版事故也令我诚惶诚恐，如履薄冰，非常担心由于自己能力不足而减损本书的价值。因此各种船体结构、帆索方面的词汇都反复推敲查找，文本也是反复锤炼，几易其稿，力求完善。然而本人水平有限，必定存在不周之处，错漏在所难免，欢迎同行和读者予以指正。翻译的过程中，在网上检索资料，我发现很多中国网友去参观过瓦萨博物馆，对瓦萨号很感兴趣，也有很多有关古代帆船的论坛中都讲到瓦萨号，令我备感鼓舞，因此希望本书也能够受到广大普通读者的喜爱。

本书中人名、地名的翻译参考了《世界地名翻译大辞典》（周定国主编，中国对外翻译出版公司，2008）以及《世界人名翻译大辞典》（新华通讯社译名室主编，中国对外翻译出版公司，2007）。

本书的出版由中国文化遗产研究院提供资助，中国文化遗产研究院李六三院长百忙之中为本书撰写了序言，在此致以诚挚谢意！本书的翻译于 2021 年立项，感谢中国文化遗产研究院时任柴晓明院长、时任解冰书记（现任国家文物局副局长）、时任许言副院长、时任乔云飞副院长（现任中国文物信息咨询中心主任），以及李黎副院长、科研与综合业务处党志刚副处长（现任国家文物局科技教育司教育处副处长）等在本书出版的过程中给予的关心和支持！

本书初稿由山东大学马清林教授和北京科技大学郭宏教授审阅。武汉理工大学蔡薇教授对整部书稿进行了审校，特别是船体结构部分。人民日报社《环球时报》英文版的王一先生校核了书中的时间、数字、段落等，也对翻译文本提出了很好的建议，特别是献词的部分。旅居瑞典的戴韦微女士，百忙之中为我校核了书中瑞典语人名、地名、机构名称的翻译。在此一并致以诚挚谢意！

感谢文物出版社的编辑李睿先生和宋丹女士。感谢 Archetype 出版社的 James Black 先生和本书作者 Emma Hocker 女士，他们承担了所有的版权事宜，免去了我的麻烦，避免了《考古发掘舟船保护》一书出版时的窘境。

特别感谢我先生及家人在生活和工作中给予我的关心和支持。

也借此机会感谢所有关心和帮助过我的师长、朋友、领导和同事。

2021 年年初至 2022 年年底，无论对我这个渺小的个体还是对整个宏大的世界来说，都是一段不平凡的时光，有失去、有收获、有顺利、有挫折。希望瓦萨号跌宕起伏的命运能够给我们以启示，让我们永远怀抱希望，尽管历尽波折，依然勇敢伫立。

沈大娲

二〇二二年七月于北京